CHINA
MANAGEMENT CASES
中国管理案例库

财务会计教学案例与分析

Financial Accounting Cases and Analysis

潘立新／著

中国人民大学出版社
·北京·

编　委　会

主　任　伊志宏

副主任　蒋东生

编　委　毛基业　黄江明　刘　军　尚增健

前　言

在工商管理类课程教学改革中，教学方式改革是重中之重。起源于哈佛商学院的案例教学法适应管理教育的特点，取得了很好的效果，成为当今中国各大学商学院教学方式改革的重要方向。"财务会计"作为工商管理课程体系中的主干课程之一，以财务报表各个要素的确认、计量、记录和报告为主要内容，向学生展示会计信息的生成过程及会计信息所体现的企业价值。在"财务会计"课程中运用案例教学，能够让学生身临其境地感受不同商业环境下的会计决策；在观察、讨论和提出解决方案的过程中，培养学生对财务会计问题的分析、判断和决策能力，从实践中总结和学习更多的会计知识。

近年来，我们在北京航空航天大学"财务会计"课程的教学环节中探索案例教学，发现案例教学确实可以起到改善教学方式、提高教学质量的作用。然而我们也发现，先前的教学过程中存在以下问题：

（1）本土案例的来源奇缺。哈佛商学院、毅伟商学院的案例库是中国高校课堂上最为常见的教学材料。然而由于不同国家和经济体在制度背景上的差异，在应用这些案例时，学生感到这些案例情境与自己面对的经济活动有距离，嵌入性不佳，因而参与的热情受到影响。在中国经济几十年快速发展的过程中，企业面临许多独特的问题并积聚了具有中国特色的管理思想和管理方法，企业面临的财务会计问题也具有独特性，这是学生最希望关注和讨论的话题。因而，从2011年起，我们就将本土案例的开发列为案例教学的首要任务。

（2）案例教学仅仅局限于课堂环节，没有向前向后充分延伸，实现"参与式教育"。哈佛式案例教学模式也称作以参与者为中心的学习和教学方法（participant-centered learning and participant-centered method，PCLPCM），在课堂教学中，教师的角色仅仅是学习的引导者和促进者，学生才是学习的主体。相比传统教学，这种教学模式在培养学生能力方面卓有成效。然而我们在北京航空航天大学 MBA "财务会计"课程的授课中发现，学生不仅仅满足在课堂上就案例专题进行讨论，还期望利用所学理论和方法，去解释工作中遭遇的管理问题和管理困境，并思考解决问题的途径。这给我们很大的启发，如果将管理经验的分享向前延伸到案例教学材料的发现和准备，向后延伸到管理知识的诠释和总结，就能充分利用案例教学模式实现"参与式教育"。

从上述两个方面的问题出发，我们在"财务会计"教学中对案例教学模式进行发展和创新，提出以案例开发为核心，学生全过程参与案例开发、课堂案例教学和案例论文研究并重的教学模式。这一模式强调"情境""协作""会话"和"建构"的应用。通过设置情境，帮助学生理解所学知识点的问题和环境；通过贯穿课堂讨论、案例开发和案例研究整个学习过程的教师及学习同伴之间的协作，为学生提供相互帮助、相互合作的学习环境；通过学生与教师、学习同伴之间的交流，促进从不同角度理解管理问题；通过上述一系列知识的建构活动，使学生对管理事件的性质、规律以及事件之间的内在联系有深刻的理解，从而完善其已有认知结构，建立与财务会计等理论相关的新的认知结构，最终实现知识正迁移。全过程案例教学模式如图1所示。

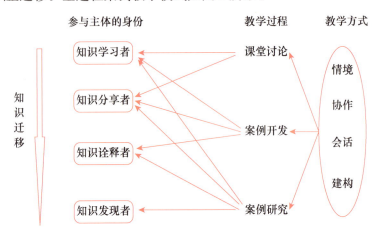

图1　全过程案例教学模式示意图

本书的内容来自全过程案例教学模式改革的成果。在案例教学实践的初期，我们对教学内容进行的规划是："财务会计"课程的核心内容是财务报表六大要素，即资产、负债、所有者权益、收入、费用和利润的核算，案例教学必须围绕这些重要内容和知识点展开。由于资产核算占据教学内容的40%左右，现代会计的"资产负债表观"非常强调资产价值在财务报表中的反映，因此，我们将以资产确认与计量为主题的教学案例的开发作为案例开发的第一步。收入要素核算的结果对财务报表具有广泛影响，对企业会计信息的相关性和可靠性影响重大，此外，由于现代商业环境下交易性质的复杂性，收入确认与计量具有很大的不确定性，收入会计决策是会计最复杂的问题之一。因而，我们将收入要素教学案例的开发作为第二步必做之事。之后的案例开发的内容，必须涉及剩余的四大会计要素，并辐射到重要交易和事项的会计决策，逐步形成涵盖所有会计要素、体现现代会计观念、突出财务会计基本原则对会计决策和相关管理实践影响的案例教学内容体系，如图 2 所示。值得庆幸的是，在推动财务会计全过程案例教学的过程中，我们顺利地完成了教学内容体系的初步搭建，形成了本书主要内容。这一成果得益于我和我的同事们对于探索教学方式改革的热忱，更得益于众多学生的参与和案例企业的支持。

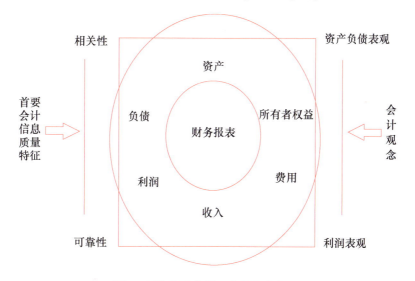

图 2   财务会计案例开发的内容部署

本书中的案例基本上按照"财务会计"课程案例教学的顺序编排，涵盖六大会计要素确认与计量的基本问题和扩展问题，如表 1 所示。本书中的 10 篇案例，有 5 篇获评"全国百篇优秀管理案例"，有 1 篇获评"全国金融硕士优秀教学案例"，有 1 篇获评"全国 MPAcc 优秀教学案例"。所有的案例都已在课堂上反复使用，不断完善，受到学生的好评并获得了良好的教学效果。本书中的一些案例也适用于"财务管理""审计学""内部控制与风险管理"等课程的教学。在具体的教学中，我们会根据课程、授课对象（MBA、MPAcc、经济管理类本科生或企业培训人员）和教学大纲的要求，选取合适的案例。另外，要说明的是：由于企业保密的要求，案例中对有关名称、数据等做了必要的掩饰性处理；本书案例只供课堂讨论之用，并无意暗示或说明某种管理行为是否有效。

表 1　本书案例的教学内容与获奖情况

排序	案例名称	教学内容	开发者	获奖情况
1	宏大公司的资产核算——债权包的风波	资产	潘立新、于颖	第二届"全国百篇优秀管理案例"
2	瑞科公司的收入确认——"背靠背"条款引发的风波	收入	潘立新、于颖、李磊	第三届"全国百篇优秀管理案例"，入选毅伟案例库
3	智远公司的退股事件——三个创业股东的股权转让价格之争	所有者权益	潘立新、于颖、马丽莉	第四届"全国百篇优秀管理案例"
4	康恩公司固定资产可使用状态之争	资产、费用	于颖、潘立新、林耀虎	
5	信诚公司股份收益权偿债之惑	所有者权益、负债	潘立新、邹艳、龚克、郝爽	第五届"全国百篇优秀管理案例"
6	华威集团海外分公司的巨额亏损	资产、费用、利润	于颖、潘立新	
7	名股实债：景春集团信托融资的困局	负债、所有者权益	潘立新、邹艳、白金平、孟茂然	第六届"全国百篇优秀管理案例"
8	15 号加油站的存货盘点	资产、收入	于颖、潘立新	
9	分合两难：天泽集团设立财务公司之困	资金管理	潘立新、赵启胜、刘一弓	第二届"全国金融硕士优秀教学案例"
10	时画公司：影视投资项目财务控制之困	资金收支、内部控制	潘立新、宋娟娟、邹艳、王丹	2016 年"全国 MPAcc 优秀教学案例"

　　本书每一个案例的开发都是一次愉快的探索过程，感谢北航经管学院于颖教授、邹艳教授为本书投入的心血；案例也凝结着 MBA 学生、研究型硕士的辛勤汗水，除本书中标明的合作者外，张梦瑜、韩奇君、马兰、谭玲玲、郭维娟和任璇等同学也参与了案例撰写或者文献搜集。感谢中国人民大学出版社编辑对于案例教学的青睐及为本书出版付出的努力。感谢中国管理案例共享中心（CMCC）的鼎力支持！

　　最后，谨以此书献给北航经管学院中国企业案例研究中心。自 2010 年成立至今，该中心在推动案例开发、案例教学和案例研究工作中屡创佳绩，改善了经管学院工商管理学科教学效果，让众多的师生受益。本书中所有案例的开发，都得益于北航经管学院中国企业案例研究中心提供的研究环境和资金支持。

潘立新

目　录

宏大公司的资产核算——
债权包的风波

摘要:

本案例讨论了宏大资产管理公司（以下简称"宏大公司"）购买的特殊资产——债券包的会计处理问题。宏大公司低价购入债权包，为本年度绩效目标的实现提供了重要保障，但是债权包中各项不良贷款的问题五花八门，有的债权存在多个债权人，有的债权发生了担保人变更，有的债权抵押品是限售股，有的债权使用的是重复抵押品。让公司财务部左右为难的是：究竟是将债权包中各项资产单独确认与计量，还是将整个债权包视作一个资产整体来确认和计量？两种方案各有利弊，难以取舍。

关键词：债权包；资产；确认；计量

0. 引言

每周一的下午是宏大公司中高层管理者例会的时间。和往常不一样的是，这个周一下午，公司办公楼 12 层会议室里的气氛异常轻松，总裁刚刚向大家宣布，经过一个月的谈判，宏大终于以 1 000 万元的低价从城市商业银行购入一个债权包①，这项投资对于公司本年度绩效目标的实现具有决定性意义。会议结束后大家都高高兴兴地下班了，唯独财务部主任李明还坐在办公室闷闷不乐

---

① 债权包即银行对不良资产（主要是不良贷款）按照一定标准进行组合后的资产组。资产管理公司购买不良资产包的同时，取代银行成为资产包所涉及企业的债权人。

地翻着资料，因为债权包成功购入后的会计核算问题落到了财务部头上。公司此次购入的债权包的构成内容十分复杂，核算会是个大问题。他一页一页地仔细阅读债权包的详细资料，一时拿不定主意，于是决定第二天先听听两位会计主管王芳和张伟的意见。

周二一早，两位会计主管就被李明叫到办公室。李明将公司购入的债权包的资料交给他们，并要求他们找到相关法规和会计准则，提出这些资产核算的具体方案，使这些资产能尽快入账。三人约定下午再讨论并确定债权包的会计核算方法。

1. 债权包的构成内容

宏大资产管理公司是经证监会批准设立、具有独立法人资格的资产管理公司，2008年正式挂牌成立。尽管公司的历史较短，业务量也有限，但是组织架构完整，下设投资部、财务部、研究部、交易部、风险控制部、客户服务部等多个部门。公司由投资理财与资产管理专业人士掌舵，把握前行方向，力求在资本市场中形成专业、理性、稳健的投资风格。公司高管多是和老板一同创业的合伙人或从外部高薪聘请的行业资深专家，招聘的员工多为高校的应届毕业生。

王芳是从北京某著名大学毕业的研究生，专业基础知识扎实，工作能力强，在宏大公司工作刚满三年就被提升为会计主管；张伟则是不久前刚从会计师事务所跳槽到宏大公司财务部的，拥有丰富的工作经验。时间宝贵，王芳和张伟立刻开始着手工作。首先他们详细了解了债权包的内容。

宏大公司以1 000万元的价格从城市商业银行收购的债权包总共包括5种不同风险的债权，具体构成内容如表1所示。

表1　　　　　　　　　　宏大公司收购的债权包的具体内容

序号	债务人	所属行业	债权金额（万元）	担保人或抵押物	宏大公司拥有的债权占该债务人债务总额的比例
1	红星房地产开发有限公司	房地产	700	房地产抵押	100%
2	东祥电器有限公司	电器	400	车辆抵押/担保	25%
3	天天商厦股份有限公司	商业	800	母公司担保	100%
4	兴智电子有限公司	电子	200	股权质押	100%
5	百姓汽车修理公司	汽修	100	设备抵押	100%
合计			2 200		

各项债权和债务人的详细信息如下。

1.1　红星房地产开发有限公司

截至债权包收购日，债权本息总计人民币 700 万元，其中本金为 450 万元，利息为 250 万元。宏大公司为该公司唯一的债权人。

这项债权是红星房地产开发有限公司当初为了筹措资金用于楼盘建设，以其库存商品楼做抵押向城市商业银行贷款而形成的，后来由于楼盘的销售情况不佳，一直无法归还贷款，截至债权包收购日利息已经超过本金的一半多。抵押资产是高档商品房 2 套，抵押时的评估价值为 800 万元，现评估价值为 1 000 万元。王芳和张伟查到相关法规对房地产抵押物处置的规定如下：

> 《中华人民共和国城市房地产管理法》第四十六条规定："房地产抵押，是指抵押人以其合法的房地产以不转移占有的方式向抵押权人提供债务履行担保的行为。债务人不履行债务时，抵押权人有权依法以抵押的房地产拍卖所得的价款优先受偿。"

1.2　东祥电器有限公司

截至债权包收购日，债权本息总计人民币 400 万元，其中本金为 250 万元，利息为 150 万元。

这项债权同样是偿还无望的不良贷款。东祥电器有限公司为取得这项贷款，抵押了公司的在用货运车辆 20 辆。抵押时这些车辆值 300 万元，但是由于车辆损耗、折旧，目前市价不足 100 万元。东祥公司由于经营不善现已摇摇欲坠，濒临破产，破产清算额估计为 900 万元左右。除了欠宏大公司的 400 万元本息外，东祥公司还欠其他公司和银行合计 1 200 万元。如果真的破产清算，怎么偿还，又先偿还谁呢？王芳和张伟也查到了相关法规：

> 对于某债权有多个债权人的情况，在其处置时，应遵循《最高人民法院关于执行程序中多个债权人参与分配问题的若干规定（征求意见稿）》的规定进行处理。其中第七条对于分配顺序的规定是：有担保物权人和其他优先权人参与分配的，其债权优先于普通债权受偿。数个担保物权和其他优先权同时存在的，按照有关法律的规定确定其受偿顺序。担保的债权未届清偿期的，在分配时应当优先预留其相应的份额。普通金钱债权人的分配，按照各债权数额的比例平等分配。

1.3 天天商厦股份有限公司

截至债权包收购日，债权本息总计人民币 800 万元，其中本金为 500 万元，利息为 300 万元。

这项债权没有相应的抵押资产，贷款是由其他公司提供担保取得的。起初，天天商厦股份有限公司从城市商业银行获得贷款 600 万元，担保人为鸿图商贸股份有限公司。天天商厦公司偿还了城市商业银行 100 万元借款之后，就余欠款 500 万元又另外向债权人城市商业银行出具了一份说明，并注明担保人为天天商厦的母公司天天商业股份有限公司。后来，天天商厦公司一直经营不善，资金短缺严重，贷款拖欠多年，最近终于"寿终正寝"——倒闭了。虽然天天商厦公司倒闭了，但其母公司倒是越做越大，公司净资产与年利润逐年递增。

在城市商业银行追偿这笔贷款时，原担保人鸿图商贸股份有限公司以债务人天天商厦已变更担保人、原担保人应免责为由拒绝承担保证责任。城市商业银行又找到天天商厦的母公司，但是它也拒绝还款，理由是并没有在借款合同上签字，没有义务履行担保责任。

王芳和张伟查到相关法律法规，并就该问题咨询了法律专业人士的意见。

> 担保人即保证人。根据《中华人民共和国担保法》（以下简称《担保法》）的规定，第三人和债权人约定，当债务人不履行债务时，保证人按照约定履行债务或者承担责任。这里的第三人即担保人，包括具有代为清偿债务能力的法人、其他组织或者公民；这里的债权人即主债的债权人；这里的"按照约定履行债务或者承担责任"称为保证债务，也称保证责任。
>
> 关于保证人的免责情形，《担保法》第二十四条规定，债权人与债务人未经保证人书面同意协议变更主合同的，保证人不再承担保证责任；《中华人民共和国物权法》第一百七十五条规定，第三人提供担保，未经其书面同意，债权人允许债务人转移全部或者部分债务的，担保人不再承担相应的担保责任。

法律专家的意见是，在本案例中，债务人天天商厦在偿还了保证人鸿图商贸股份有限公司保证的 600 万元债务中的 100 万元后，另行向债权人出具 500 万元的说明并让其母公司天天商业担保的行为，不是《担保法》所规定的对主合同的变更，而是就余欠款 500 万元又增加了一位保证人。

1.4 兴智电子有限公司

截至债权包收购日，债权本息总计人民币 200 万元，其中本金为 100 万元，利息为 100 万元。

该债权的质押资产是兴智电子有限公司持有的天达公司 10 万限售股股权。

按照证监会的规定，股改后的公司原非流通股股份的出售，应当遵守下列规定：

（一）自改革方案实施之日起，在 12 个月内不得上市交易或者转让；

（二）持有上市公司股份总数 5% 以上的原非流通股股东，在前项规定期满后，通过证券交易所挂牌交易出售原非流通股股份，出售数量占该公司股份总数的比例在 12 个月内不得超过 5%，在 24 个月内不得超过 10%。

取得流通权后的非流通股，由于受到以上流通期限和流通比例的限制，称为限售股。

债权包收购日前 2 个月，天达公司进入股改，这意味着质押的 10 万股股权成了限售股，尽管这 10 万股股权还不到股份总数的 5%，可是也要等 10 个月后方能解禁上市流通。目前天达公司股票市值是每股 15 元，一般情况下，限售股的解禁可能会带来股价的下跌，这 10 万股到期的时候又会减值多少，还有待时间的检验。

1.5 百姓汽车修理公司

百姓汽车修理公司债权本息为人民币 100 万元，其中本金为 50 万元，利息为 50 万元。

百姓汽车修理公司的抵押资产为该公司机器设备，抵押时的评估价值为 100 万元。但是在签订该债务协议之前，公司已经将该抵押物抵押给了农业银行，取得贷款 30 万元（截至债权包收购日，该贷款已产生利息 20 万元，本息合计 50 万元）。由于第一次抵押后机器设备还有剩余价值，因此再次抵押给了城市商业银行。抵押物现在的状态是已查封、拟拍卖，其评估价值为 60 万元。看到这里，王芳和张伟不由得算了一下，60 万元不够两项抵押债务的总额，如何分配拍卖后获得的价款呢？

二次抵押，也称再次抵押，是指债务人为担保数个不同债权人的债权，而在同一抵押标的物上先后设定数个抵押权。《担保法》第三十五条规定："抵押人所担保的债权不得超出其抵押物的价值。财产抵押后，该财产的价值大于所担保债权的余额部分，可以再次抵押，但不得超出其余额部分。"

在同一抵押物上设定多个抵押权，在抵押权实现时，就存在受偿顺序问题。《担保法》第五十四条规定："同一财产向两个以上债权人抵押的，拍卖、变卖抵押物所得的价款按照以下规定清偿：（一）抵押合同已登记生效的，按照抵押物登记的先后顺序清偿；顺序相同的，按照债权比例清偿；（二）抵押合同自签订之日起生效的，该抵押物已登记的，按照本条第（一）项规定清偿；未登记的，按照合同生效时间的先后顺序清偿，顺序相同的，按照债权比例清偿。抵押物已登记的先于未登记的受偿。"

2. 债权包确认与计量的两种方案

下午一上班，张伟和王芳就来到李明的办公室。经过一上午查阅资料和思考，两个人略显疲惫，李明向两位主管道了声辛苦，接过他们递过来的债权包会计处理方案。

出乎李明的预料，王芳和张伟提出的核算方案完全不同。王芳主张分别确认和计量各项债权，而张伟主张打包确认和计量整个债权包。

2.1 债权包分别核算方案

王芳认为，债权包虽然是公司从银行整体购入的，但是其中的每项债权回收的风险和潜在的价值都不同，而且没有相互依赖性，应该分别确认各项债权[①]，并选择合理的分配标准，将 1 000 万元的债权包购买成本分配到各项投资中。

至于怎么分配，王芳提出了两个建议：一是以截止债权包收购日各债权的本金与利息金额之和占整个债权包本金与利息金额之和的比例为权数，将 1 000万元的购买成本分摊到各项债权投资中，这么做简单易行；二是先根据各项债权的回收风险、抵押品价值、担保价值和所有权限制等，分别调整各债权的本金和利息账面金额，再以此为基础，将 1 000 万元的投资成本分配到各个债权账户中，这种做法的优点是能够较科学地计量各项债权的价值。

但是，张伟提出了自己的疑问："拆分方案本意是想科学地确定各项债权投资的价值，但是我认为不管采用哪种分配标准，都难以实现这个目标。首先，银行把这些不良贷款打包卖给我们时，债权的瑕疵程度不同、好坏搭配，如果单纯按照各债权的账面本息分配 1 000 万元投资成本，怎么体现不同债权风险

---

① 《金融资产管理公司会计制度》规定的对应科目为"购入贷款""购入贷款应收利息"等。

间此消彼长关系的经济实质呢？第二种做法先要评估确定各项债权的实质价值，但是这些资产所有权的瑕疵种类和程度各有不同，调整起来谈何容易！比如说兴智电子债务质押的限售股涉及债权实现的时间问题，而天天商厦涉及债务担保人的变更问题，各项债权涉及的法律问题都很特别，很多都是法律界有争议的问题，要做到科学评估这些债权的经济价值恐怕很难。"

听完他的一番话，李明赞同地点了点头："那就看看你的方案吧。"

2.2　债权包打包核算方案

所谓打包核算，是建议将这次购入的债权包中的五个债权作为一个整体，一并入账并进行核算。张伟认为，债权包本来就是以整体的形式买下来的，将债权包作为一个整体确认为一项资产，能够体现不同债权间风险的相互关系，从本质上讲更科学。这和投资组合的概念也是相通的。

"我看事情没那么简单，"王芳提出异议的方式有点直接，"打包核算在入账的时候确实省事，但是处置的时候怎么办？这五项债权分别针对不同的债务人，不管公司是准备以债转股方式还是以法院起诉追索债权的方式收回这些投资，它们实现的时间肯定有先有后，确定处置收益时还是要分别确定各项债权的购入成本。此外，按照会计准则，期末还要对购入贷款进行减值测试，也需要单独对各个债权的价值进行重新评价。"

"你这么说有点绝对，"张伟打断了王芳的话，"债权包的期末减值测试，完全可以按照会计准则对资产组的减值测试规定来做啊。"他顺手翻开一本《企业会计准则》，找到资产减值部分，说："《企业会计准则第 8 号——资产减值》第十八条规定，有迹象表明一项资产可能发生减值的，企业应当以单项资产为基础估计其可收回金额。企业难以对单项资产的可收回金额进行估计的，应当以该资产所属的资产组为基础确定资产组的可收回金额。"

"可是资产组的定义是非常严格的，"王芳翻开了《企业会计准则》的应用指南，"看这一段，资产组是企业可以认定的最小资产组合，其产生的现金流入应当基本上独立于其他资产或资产组。资产组应当由创造现金流入的相关资产组成。这个概念的基本含义就是一个资产组由多个资产组成，这多个资产共同创造现金流入。但是咱们公司购买的债权包的债务人、债权实现时间、实现方式都不一样，显然是分别创造现金流入的，根本不符合资产组的定义。"

张伟反驳道："我觉得划定资产组最重要的依据是它产生的现金流入要独立于其他资产或资产组，咱们买的债权包符合资产组的定义，因为一方面，企业难以对每个债权的可回收金额进行估计；另一方面，债权包产生的现金流入不会依赖公司的其他资产。"

关于债权包会计处理的争论似乎越来越激烈。王芳还提出打包核算不便于针对各个债权进行风险管理；张伟则认为，即使打包核算，也不意味着将所有债权作为一个单一的整体来管理，可以采用备查簿分别登记管理各项债权，并由专人对每笔债权做好跟踪管理，实时监控。他们俩你一言我一语，谁都不能说服对方。

3. 尾声

两位会计主管离开办公室后，李明陷入了沉思。王芳和张伟所提出的观点，有的他事先想到过，有的他没有想到。分别入账和打包入账两种方法各有利弊，没有哪一种方案具有压倒性优势，难以决断。购买债权包的 1 000 万元已经从公司账户划出去两天了，必须尽快拿出会计核算方案。李明放下手头的资料，深吸一口气，再次梳理了自己和两位会计主管的思路，决定在下班之前定下最终的方案。

启发思考题

1. 所有权有瑕疵的债权构成的债权包是否符合企业资产的定义，为什么？

2. 假定你是该企业财务负责人，你赞成哪一种核算方案，是对债权包中的不良资产进行拆分核算还是作为一个整体打包处理？依据是什么？

3. 如果需要分别核算各项债权，请针对债权包中的五项债权分别提出价值认定方案。

4. 假定你是该债权包项目的负责人，现在由你来草拟一份该债权包的风险管理方案，你认为应该包括哪些内容？在管理资源有限的情况下，你会优先解决或关注哪些问题？

教学目的与用途

    1. 本案例主要适用于"财务会计"课程关于资产的确认与计量的教学。

    2. 本案例适用对象：MBA、EMBA、企业培训人员，以及经济类、管理类专业的高年级本科生及研究生。

    3. 资产是重要的会计要素之一，资产核算是"财务会计"课程教学的主要内容，所分配的教学时间占据总时间的40%左右。本案例以债权包这一类特殊资产的会计核算难题为重点，通过教师的引导和学生的深入讨论以达到如下教学目的：

    (1) 理解资产的定义和经济内涵，了解在资产负债表观下，资产确认与计量的重要作用。

    (2) 掌握资产初始确认计量和后续确认计量的基本原则与要求。

    (3) 以资产信息为例，理解相关性与可靠性等会计信息质量要求的意义与内涵，理解成本效益原则对于会计信息处理的约束作用。

    (4) 理解与资产有关的会计决策必须建立在对交易与事项的日常业务管理的基础之上，了解资产管理公司投资与运营的管理目标与基本管理过程。

理论依据与分析

    本案例分析的主要理论依据包括：

    1. 资产是企业过去的交易或者事项形成的，由企业拥有或者控制的预期会给企业带来经济利益的资源。将一项资源确认为资产，需要符合资产的定义，还应同时满足以下两个条件：与该资源有关的经济利益很可能流入企业；该资源的成本或者价值能够可靠地计量。资产的初始确认要求某一会计事项必须满足可定义、可计量、相关性和可靠性四个要求。初始计量是指如何在财务报表系统内确定资产的初始价值，一般按照取得资产时的历史成本入账。

2. 对企业会计信息质量的首要要求是可靠性与相关性。可靠性是指企业应当以实际发生的交易或者事项为依据进行会计确认、计量和报告，如实反映符合确认和计量要求的各项会计要素及其他相关信息，保证会计信息真实可靠、内容完整。相关性是指企业提供的会计信息应当与财务会计报告使用者的经济决策需要相关，有助于财务会计报告使用者对企业过去、现在或者未来的情况作出评价或者预测。

3. 会计信息的成本效益原则，是指会计信息的提供成本应该与会计信息为利益相关者带来的效益保持平衡，保证提供会计信息花费的代价不超过因此而获得的收益，否则应该降低会计信息的提供成本，或者不提供上述信息。在实现或者提高会计信息的可靠性和相关性等质量要求时，需要以成本效益原则为约束条件，追求信息收益与提供成本之间的平衡。

4. 企业应当在资产负债表日判断资产是否存在可能发生减值的迹象。有迹象表明一项资产可能发生减值的，企业应当以单项资产为基础估计其可收回金额。企业难以对单项资产的可收回金额进行估计的，应当以该资产所属的资产组为基础确定资产组的可收回金额。资产组的认定，应当以资产组产生的主要现金流入是否独立于其他资产或者资产组的现金流入为依据。同时，在认定资产组时，应当考虑企业管理层管理生产经营活动的方式（比如是按照生产线、业务种类还是按照地区或者区域等管理）和对资产的持续使用或者处置的决策方式等。

5. 根据《金融资产管理公司会计制度》，对已被资产管理公司收购和接收的银行债权，其所涉及债务人由对银行的负债转为对公司的负债，由公司承继债权、行使债权主体的权利。公司以买断式收购取得的银行资产，即购入贷款和购入贷款应收利息时，首先以其购入价格（即原账面价值）作为资产的入账价值，然后由银行和公司根据财政部制定的有关不良资产折扣和现值计算办法进行计算，最后公司按照经批准认定的资产现值调整原账面价值，并分别按待处置贷款和待处置贷款表内应收利息入账；将原账面价值与现值的差额作为待处置不良资产损失。

6. 整体债权指资产管理公司对同一债务人所拥有的包括各项贷款或其他形式信贷资产的本金、相关的应收未收利息和其他债权在内的全部索偿权益。公司有权按照法律法规和公司章程的规定对收购和接收的整体债权进行处置。公司必须对整体债权按资产价值最大化的方案进行处置，并使资产处置的损失最小化。资产管理公司对整体债权进行处置时，从银行接收和从债务人处取得用于偿债的资产和股权，为待处置资产和待处置股权投资。公司并不准备长期持有或经营这类资产和股权，需要对其进一步处置，最终收回现金资产。

7. 相关会计准则和会计制度参见：《企业会计准则——基本准则》《企业会计准则第 8 号——资产减值》《金融资产管理公司会计制度》。

8. 相关法律法规参见：《中华人民共和国担保法》《中华人民共和国企业破产法》《最高人民法院关于执行程序中多个债权人参与分配问题的若干规定（征求意见稿）》《不良金融资产处置尽职指引》《关于印发〈中央行政事业单位国有资产处置管理办法〉的通知》。

课堂计划建议

本案例可以用于专门的案例讨论课，下面是按照时间进度提供的课堂计划建议，仅供参考。

建议在"财务会计"课程介绍资产会计要素的确认、计量和披露之后使用本案例。整个案例课堂讨论控制在 80～90 分钟。

课前计划：教师可以提前 1～2 周发放案例正文，要求学生在课前阅读，按照启发思考题对案例进行初步思考。

课堂讨论前言：教师简明扼要地介绍讨论主题。（2～5 分钟）

分组讨论：每组 4～5 人，通过讨论交流，深入理解案例企业面临的问题和会计决策困境。（20～25 分钟）

引导讨论：教师可以按照教学规划设计问题，引导学生讨论金融资产管理公司的日常业务和盈利模式、债权包的内容和不良资产的特性、资产确认与计量的基本要求等。在课堂讨论的高潮提出案例企业面对的资产是打包核算还是分拆核算的决策难题，询问学生的解决方案及依据，讨论不同解决方案的缺陷，引导学生理解资产的内涵及核算要求，理解企业资产经营方式和管理要求对于资产核算的影响、会计信息质量要求对于资产核算的约束等。（控制在 55 分钟内）

讨论总结：教师对案例讨论进行归纳总结，进一步提出发散性问题，让学生课后思考。（5 分钟）

主要参考文献

[1] 中华人民共和国财政部. 企业会计准则（2015）［M］. 上海：立信会计出版社，2015.

[2] 中华人民共和国财政部. 企业会计准则应用指南（2015）［M］. 上海：立信会计出版社，2015.

CHINA
MANAGEMENT CASES
中国管理案例库

瑞科公司的收入确认——"背靠背"条款引发的风波

摘要：

本案例讨论的是交易性质和风险对会计收入确认的影响。瑞科科技发展有限公司（以下简称"瑞科公司"）是一家提供软件服务的上市公司，在软件外包行业颇具口碑，是著名的软件业巨头盛辉公司等企业的项目分包商。在中焦国际项目的合作中，盛辉公司突然提出含有"背靠背"条款的合同。困扰瑞科公司管理人员的是：含有法律风险的"背靠背"条款合同能不能签订？项目的收入应该何时确认？未确认收入项目的成本费用期末应该如何处理？

关键词："背靠背"条款；收入确认；成本结转

0. 引言

下午7点，夜幕已经降临，下班的高峰快要接近尾声。位于北京中关村的瑞科公司办公楼内，灯火依然三三两两地亮着，业务三部的经理李超愁眉苦脸地坐在办公桌前，近些天来他下班都很晚。这几天本应是整个团队都很高兴的日子，因为辛苦了一年多，承接的项目主要部分终于完成了，可是李超却失去了往常的自信与笑容。想着白天财务部打来的电话，他是有苦说不出。

"喂，李经理，你们做的中焦国际项目快收尾了吧，有没有收入可以入账呀？"

"一直没有啊！"

"为什么还没有啊?"

"我每个月都在催促客户,可是人家不给我确认啊。对方不确认,我也没办法。"

"看这光景,得什么时候才能收到钱啊?"

"我最近再去跟客户沟通一下吧。"

类似的场景每月出现一次,持续将近一年了。让李超头疼的不仅仅是这些电话,事情要复杂得多。这一切还要从瑞科公司业务三部承接的中焦国际项目说起。

1. 案例背景

1.1 瑞科公司

瑞科科技发展有限公司成立于 1997 年 8 月,2005 年成功上市,是集信息咨询、软件定制和开发于一身的高新技术企业。公司以软件技术为核心,通过软件与服务的结合、软件与行业管理能力的结合,提供软件外包和行业解决方案,以及相关软件产品、平台的开发与服务。

公司总部设在北京,同时在上海、深圳、西安、宁波等地设置了办事处和联络机构。瑞科公司的长项主要在于面向行业客户,提供高度个性化的解决方案,帮助客户实现信息化管理各种需求。创办至今,瑞科公司在高科技行业、电信业、金融服务业、制造业、零售与分销业等领域积累了丰富的经验,具备全面的 IT 专业服务能力,为客户提供研究及开发、企业解决方案、应用软件开发和维护、质量保证和测试、本地化和全球化、基础设施外包以及业务流程外包等服务,并在软件外包行业树立了口碑,成为众多《财富》500 强企业的重要合作伙伴,获得了一些国际大公司的金牌合作伙伴认证。

随着信息社会的来到,全球化的信息产业结构由硬件主导型向软件和服务主导型方向发展。近年来全球软件外包市场规模逐渐扩大,国内软件外包行业的发展也势如破竹。瑞科公司清楚地认识到了这一点,经过多年努力发展成为国内最具规模的专业软件外包服务公司之一。

1.2 李超和业务三部的项目合作伙伴

李超毕业于国内一所著名大学的软件工程专业,既精于业务又有运筹帷幄的能力。他三年前从另一家软件公司跳槽到瑞科公司，现在是瑞科公司最大的业务部门之一——业务三部的经理，也是公司的绝对骨干。在他的带领下，业务三部的业绩迅速上升，为公司创造了大量利润，这很大程度上要归功于与盛辉公司的合作。

盛辉公司是著名的跨国软件公司，拥有完整的企业级 IT 解决方案。盛辉公司在中国开展业务以来，发展十分迅速，以其独步天下的产品备受政府和各行业大型企业的青睐。然而，一方面业务遍地开花，另一方面问题随之而来。盛辉公司虽然在国内有完整的研发、销售和支持团队，却应对不了大量的业务需求。例如，盛辉公司在北京的售前技术支持团队不超过 50 人，而一个较大的订单往往要求超过 100 名工程师为客户工作一年以上，进行复杂的定制研发和部署工作。盛辉公司不可能独立招聘这么多工程师，即便如此也会带来巨大的支出和管理问题。所以，盛辉公司很早就开始与瑞科公司这样的软件外包企业合作，由盛辉负责规划设计和项目管理，制定技术方案，由外包方派出工程师负责具体的开发和部署工作。这样，盛辉公司就可以专心做好企业咨询的角色，不用管理庞大的工程师团队，把更多精力用于服务客户和改进自己的产品；瑞科公司等软件外包企业则依靠成熟的实施团队和较低的人力成本等优势，赚取佣金，利润也很可观。双方各取所需。

在两家公司合作的项目里，工程师团队的规模从几人到几十人不等，项目周期从两三个月到一两年不等。交付的内容按人·月工作量计算，而佣金也是以人·月为单位，只是不同级别的工程师有不同的基数，很容易计算。不过软件工程有一定的复杂性和不可预见性，项目延期很常见。即使这样，瑞科公司和盛辉公司之间的结算一般也都是按月进行，做到什么时候付到什么时候。几年来，两家公司一直合作愉快。

2. 引发风波

2.1 烫手山芋，接还是不接

去年 10 月的一天，李超得知盛辉公司刚刚又获得了一个大订单——为中焦国际的 IT 系统进行升级。中焦国际是一家大型国有企业，凭经验，李超敏锐地感到这会是一个利润丰厚的项目，而且自己的部门对此类业务早已驾轻就熟。李超很兴奋，马上找销售经理商量，准备去盛辉公司进行游说，争取分一杯羹。

盛辉公司的业务主管马林与李超经常打交道，算是熟人了。盛辉公司通常并不采用招标的方式，而是灵活地与多家外包企业合作，谁先提供令人满意的团队就选谁，但是也有特别倚重的几家公司，比如瑞科公司。所以，看到李超为了新项目专程来拜访，马林欣然招待。席间，马林大方地透露：新项目的合作没问题，只是这次规模比较大，光靠瑞科公司显然不可能消化，还会有别的合作伙伴。不过李超大可放心，有一部分比较迫切的需求正希望瑞科公司帮忙，现在就可以开始组建团队了。

没等李超喜形于色，马经理却话锋一转，说起合同会有所变化。原来，盛辉公司的总部针对中国市场的分包合同提出了一些新要求，新合同里佣金不再是按照人·月结算，而是按照完成项目工作量的百分比结算。比如说，如果一个项目预计 10 个月完成，那么完成 2 个月的工作量就结算 20% 的进度款，完成 5 个月工作量就结算 50% 的进度款，依此类推。如果项目延期，再另行签订合同追加。

李超有点疑惑，这也没什么区别啊，不过口头上还是谨慎地表示理解。他想，合同要经过双方公司的法务人员及财务人员一起审核，这些变动应该也闹不出啥事。主意打定，李超回到公司立刻把人事和招聘团队找来，正式开始组建新团队。很快，他就收到了马经理助理发来的新合同样本，合同金额 1 500 万元，项目建设期一年半，但有一个疑点——合同中对于佣金的结算是这样规定的："按照规定的服务内容、标准及服务进度验收完成 20%，50%，80%，95%，100% 五个里程碑，并且盛辉公司收到客户相应比例的付款后，才会支付给瑞科公司。"

瑞科公司审核项目合同的流程很严谨，一个新项目，一定要通过法务、商务、财务、运营等多个部门联合审批备案之后，才能签署合同和提供服务。对于这份内容不同寻常的合同，李超不敢独自揣摩，他赶紧送到法务部门，同时抄送商务、财务、运营部门。

果不其然，法务部经理赵志红一看到这份合同，立刻提出：这不是臭名昭著的"背靠背"条款吗？我们和对方严重信息不对称，存在很大风险。接这样的活儿，我们闷头干了一年，如果对方以没有收到上家付款为由拒不支付，甚至赖账，公司的损失就大了，签了这种合同是自找麻烦。

正当李超碰了一鼻子灰时，商务部门的同事也打来电话提醒："背靠背"条款在软件外包行业虽然不是新鲜事，但别的公司确实曾因"背靠背"合同蒙受损失，你对此合同的风险如何评估呢？有何理由来支持呢？

李超有些头大，去找业务总监反映。总监也是第一次看到这样的条款，于是召集了其他几个与盛辉公司有合作的经理商讨。大家都觉得，虽然有风险，但还是要尽量争取合作。盛辉公司一向声誉良好，从未有过赖账的先例。再说，这一笔大业务，很多公司都想分一块蛋糕，你不做别人也会做，况且盛辉公司又不是专门针对瑞科公司制定这样的条款。如果放弃，业务三部的业绩会直接影响到大家的福利。

总监权衡利弊，决定给予支持，但是他让李超先将团队维持在较小规模，以观后效。就这样，立项审批带着保留意见通过。

项目审批通过后，李超立刻调配人手，招募新人，组建团队，这些都是常规化的工作，对于李超来说驾轻就熟。在接下来的一个月里，李超多方努力，组建了十几个人的新团队，在盛辉公司资深的架构设计和管理团队的带领下，按部就班地开展工作。这十几个人基本都有三年以上工作经验，薪资成本自然也比较高。

2.2　第一年年底的收入确认

瑞科公司的财务经理杨天俊是公司的元老级人物，公司成立不久他就被招进来，看着公司成长，自己也跟着公司成长。杨天俊这两年被大家称为公司最忙的人，公司上市之前，财务部的工作虽然多，但是要求没有那么规范，压力也不太大。公司上市之后，财务部的工作量翻了好几番，暂且不说资金管理、内部控制，仅每一期的季报、半年报和年报就把大家折腾得人仰马翻。

业务三部签订中焦国际项目合同的时候，杨天俊在外出差，合同是他的副手和其他部门会签的。杨天俊只是事后知道李超签了一个大单。瑞科公司上市之后，财务部对所有签订合同的项目都设立了台账，对项目支出、收入和相关债权、债务进行登记和实时监控。杨天俊第一次真正了解李超的中焦国际项目是在年底，负责项目核算的会计小张找到他：

"杨经理，李超他们业务三部的中焦国际项目今年要不要确认收入啊？"

"往年怎么做今年就怎么做。"杨天俊回答说。

"往年业务三部的项目收的是劳务和佣金，今年合同按照项目进度里程碑核算，第一个里程碑 20% 还没到呢。"小张说。

"那你就打电话让李经理他们出个项目完工进度证明，盛辉认可了，咱们就按这个进度确认收入。"

可不到一会儿，小张又回来了，说打了电话，李超说中焦国际项目是按照里程碑付款，现在第一个里程碑没完成，按合同盛辉公司没有义务对现有进度进行鉴定和认可，这样对甲方提要求有点过分。李超还问如果业务三部出一个情况说明，咱们自己确定一个进度行不行。

"那依你看呢?"杨天俊问。

小张想了想说，按照企业会计准则，商品和劳务已经提供，并获得收回货款的权利，经济利益流入企业就可以确认收入。业务三部的活儿已经干了，盛辉这样的国际大公司信誉一直很好，不可能赖账；业务三部之前的项目从来没有出现过什么闪失，基本上没出现过坏账，跟盛辉的合作项目回款都很快，依她看可以按照李超的建议确认一部分收入。"再说了，这两个月中焦国际项目光劳务费就支了将近100万元，都在项目劳务成本账户中挂着呢，收入确认了就可以结转营业成本了。"

杨天俊没有说话，只是让小张找出合同给他看看。小张从一堆凭证里找出中焦国际项目的合同副本拿给了他。"呀——"杨天俊简单一扫，就倒吸了口凉气，这不是"背靠背"合同吗?! 杨天俊一边庆幸自己没有在看到合同之前就马马虎虎让小张处理这项业务，一边拨通了李超的电话。李超从头到尾把这件事解释了一通，杨天俊表示可以理解，但是提醒他公司财务部收入确认的原则："我们是上市公司，季报年报有无数人盯着，收入确认必须符合标准。中焦国际这个项目的'背靠背'条款风险很大，每个里程碑完成了你们都得跟盛辉公司沟通，并跟财务部沟通。"

打完电话，杨天俊又叮嘱小张，每个月都得给李超打电话，盯紧这件事。

2.3 项目里程碑结算的烦恼

话说业务三部这边，李超领导团队日夜奋战，中焦国际项目进展得非常顺利，三个月后就到达第一个里程碑。按照惯例，李超写了一份项目进度报告发给马林，如果他回复认可了，李超就可以向财务部门上报收入，请求开具发票，30天之内就可以回款。30天的回款期是行业规则，也是合同中规定的。李超所在部门的回款效率一向比较高，对于这次的合同款回款，李超也很有信心，毕竟是老客户，合作了这么多年都很愉快。

可是几天过去了也没收到盛辉公司的回复。李超心里嘀咕，难道是忘了?于是他又发了一遍，心里想想不踏实，还特地打了个电话询问马林。马经理倒是客客气气地说，目前进度有点问题，没有达到20%的里程碑，问题不大，只是要拖到下个月了，请耐心等等。李超觉得很奇怪，"我们的工作进度从来都没让客户质疑过，质量和标准更不会出现问题，为什么会说我们没达到20%呢?"但没得到马林的书面确认，李超也只好等着。没想到这一等就是半年。李超身上背负着绩效考核的压力，上半年述职时灰头土脸的。让李超灰头土脸的不仅仅是述职报告的问题，当初在组建团队时，因为短期招聘能力有限，他把一部分业务转包给了另一家公司。本以为与盛辉公司的合作很顺利，可以按时收款，可没想到会出现这种情况，现在下家天天追着李超要钱。李超一边找盛辉公司要钱，一边还得躲着外包公司。

就这样，项目进度到了50％和80％的里程碑，盛辉公司拖着李超，既不认可也不付款，财务部小张每个月一个电话催问收入。李超找到马林，马林刚开始还解释说盛辉和中焦国际有一些沟通问题，希望李超耐心等待，又说大家合作这么多年，对盛辉的实力你们还不了解啊，你们不至于对盛辉没有信心吧！后来逼急了，马林干脆说，你们回去看看合同吧。

李超烦啊！他找来当初共同拿下这个项目的销售经理一起喝闷酒："你说我呕心沥血，好不容易拿下的1 500万元大单，怎么就闹得现在一分钱没看见呢。盛辉公司总是说进度慢，它的客户不付款什么的。可是我们都知道，这是托词，1 500万元对盛辉公司不算什么。这本来是板上钉钉的事，合同签了，实际工作也干了，只等收款了，现在倒好，再过几天拿不回现钱，我这一整年都白干了，一帮兄弟的奖金也泡汤了，到时候还不得各自另谋高就啊。"

销售经理是李超的老搭档了，他也理解李超的苦楚，"就是啊，盛辉公司这样的顶级外企要是都不按规矩出牌，咱们靠外包吃饭的干脆关门得了。你看咱们过去的项目，基本都是按月结算，每个月收到多少钱基本都是固定的，财务部都不用找咱们确认。现在碰上个背靠背的，他不给真金白银，财务就不让入账，再大的合同签了也没用啊。日子不好过咯。"

2.4 项目劳务成本的处理

一眨眼又到了年底，瑞科公司财务部办公室不论白天还是晚上，都是一派热火朝天的景象，大家忙得不亦乐乎。下班时分，杨天俊从公司会议室出来，开了一天的会，刚准备回办公室闭目养神，就被小张和会计主管王谦拦住了。他们俩正争得面红耳赤，想找杨天俊说说理。

原来临近年底，按惯例，王谦要将公司资产项目都检查一遍，看看哪些资产该减值，哪些该结转。查到资产负债表上的"存货——项目劳务成本"账户时，发现中焦国际的项目成本高达804万元，一直没有结转。他找到小张询问情况，小张就将中焦国际项目的来龙去脉给他说了一遍。

"这不行啊！"王谦说，"已经过了80％里程碑，盛辉还不认可项目进度，说明项目款能不能收回都成问题，如果800多万元挂在账上等明年再一股脑儿做损失处理，利润表的压力就大了。我看，你应该估计一下中焦国际项目劳务成本的损失了。"

"我看未必,"小张不慌不忙地说,"我这几天也翻了翻书,按照收入确认准则,对中焦国际这种项目应该按照完工百分比法确认收入和结转成本。如果完工程度得不到认可,不符合收入确认条件,就应该考虑已发生的劳务成本能不能得到补偿,如果已经发生的劳务成本预计能够得到补偿,应按已发生的成本金额确认收入,同时按相同金额结转成本;如果劳务成本预计不能补偿,按可补偿金额确认收入并按实际发生的劳务成本结转成本。"

小张接着说:"我认为盛辉虽然没有按照里程碑在业务三部的进度报告上签字,但是他们有国际声誉,收回账款是迟早的事。咱们不按完工百分比确认1 200万元的收入已经够谨慎了。现在应该按照804万元确认营业收入,同时将项目劳务成本804万元结转到营业成本。"小张和王谦是同一年进瑞科公司的,说话从来就不让着王谦。

王谦反唇相讥:"如果以劳务成本能否得到补偿为标准确认收入,准则还会这么规定?如果预计已发生劳务成本全部不能补偿,则不应确认收入并将发生的成本确认为当期费用。"

"中焦国际项目干了一年多,盛辉连20%的项目进度都没有认可!你说盛辉有国际声誉,万一是他们的甲方拖着呢!我看,收入就别确认了,这804万元都进今年的费用吧,这么处理才审慎。"王谦又说。

"你的意思是中焦国际会赖账?那就等着盛辉跟他们法庭上见吧。再说了,中焦国际也是大型国企,不差钱。"

听着小张和王谦你一言我一语,各不相让,杨天俊摆摆手说,你们别吵了,让我好好想想吧。

3. 尾声

这几年,每年年底都是李超和他的团队大放异彩的时候,他们是公司的绩效明星,既受表彰又发奖金,一年的辛苦回报盆满钵满。今年可是流年不利啊!

李超听说另一家为盛辉公司提供外包服务的公司,几十人的团队忙了一年却颗粒无收,净亏几百万,正在准备起诉盛辉。这让李超心里更虚了,祈祷自己不要遇到这样的情形。这家公司跟盛辉公司往来不多,起诉就起诉了。可是瑞科公司哪敢啊,两三千人靠盛辉公司的业务养活呢,把财神告了,将来还怎么开展业务！每天晚上李超都在单位待到很晚，茶不思饭不想，愁眉苦脸地想着这些事。

李超如坐针毡的时候，杨天俊也在办公室苦苦思索。人事部下午打电话向财务部要绩效数据，算到业务三部的时候，杨天俊犹豫了。按照小张的提议，中焦国际项目的收入与劳务成本相抵，业务三部今年就会颗粒无收。如果按照王谦的建议，中焦国际项目今年预亏 800 多万元，业务三部不但没有利润，还要承担该项目亏损的责任，绩效会被扣掉 3 000 分，按照公司的规定，李超和他的团队不仅拿不到年终奖，还要倒给公司钱。

合同又不是李超一个人签的，"背靠背"合同在行业里也不少见，杨天俊暗自思量：公司该不该承接这样的项目？怎么避免让业务部门和财务部门陷入类似的困境呢？年底的绩效考核怎么处理才算公平？看来明天得直接向总经理请示。

附录：盛辉咨询服务分包合同（摘选）

甲方（发包方）：盛辉（中国）股份有限公司

乙方（承包方）：瑞科科技股份有限公司

1. 客户。承包方将代表发包方为其客户中焦国际有限公司执行下文约定的工作。

2. 保密。双方承认，所有向承包方披露的机密信息都将在 5 年内按照客户合同的要求予以保密，同时双方承诺在此期限内不会披露客户的相关信息。

3. 服务。承包方负责下述内容的开发测试和支持内容。

客户满意度调查

客户满意度调查共包含 6 个指引：

● 选择调查机构

编制范本、选择合格的调查机构、考察调查机构、比选调查机构、确定调查机构

● 签订调查合同

编制合同范本、拟定调查合同、与调查机构洽商合同、审核合同、审批合同、签署合同、合同归档

● 组织调查及报告分析

编制范本、组织实施调查并得到调查分析报告、组织职能部门专员及调查机构专员讨论报告、修订报告、发布报告给各个流程部门、组织解读报告、归入知识库

- 确定调查方案

编制范本、组织编写调查方案、组织讨论调查方案、修订调查方案、审核调查方案、审批调查方案、归入知识库

- 确定调查问卷

编制范本、组织访谈收集意见、组织编写调查问卷、组织讨论调查问卷、修订调查问卷、审核调查问卷、审批调查问卷、归入知识库

- 组织编写、落实提升计划

发布编写通知、组织各相关流程编写提升计划、整理各流程的提升计划、审核提升计划、发布计划给相关流程执行、等待相关流程确认、归入知识库

4. 验收标准。按照发包方所规定的服务内容、标准及服务进度验收。

5. 承包方雇员。承包方将指派下述雇员和分包商负责按照本工作订单开展工作，除非出现以下情况，否则承包方不能将其撤换：a. 该分包商或雇员合同到期、辞职或超出承包方合理控制范围的其他原因；b. 因分包商或雇员工作能力欠缺而按盛辉的要求予以撤换。在这种情况下，承包方必须尽快指派发包方可合理接受的新雇员或分包商来替换，发包方不承担由此带来的额外费用。

6. 承包方同意以下条款。

本项目的付款阶段规定如表1所示：

表1　　　　　　　　　　各里程碑付款相关条款

里程碑	付款比例	交付物及条件
1	20%	按照发包方所规定的服务内容、标准及服务进度验收完成20%工作量，发包方收到客户相应比例的付款
2	30%	按照发包方所规定的服务内容、标准及服务进度验收完成50%工作量，发包方收到客户相应比例的付款，对会员关系部分客户初验合格
3	30%	按照发包方所规定的服务内容、标准及服务进度验收完成80%工作量，发包方收到客户相应比例的付款，对客户满意度和调查系统客户初验合格
4	15%	按照发包方所规定的服务内容、标准及服务进度验收完成95%工作量，发包方收到客户相应比例的付款，客户终验合格
5	5%	按照发包方所规定的服务内容、标准及服务进度验收完成100%工作量，发包方收到客户相应比例的付款，终验完成1年

7. 费用。发包方同意为上述工作订单项下就发包方与客户共同接受的工作向承包方付款：

费用（列明项目总计费用或每小时费率）：人民币 1 500 万元

全部费用总额不得超过：人民币 1 500 万元

开销（例如差旅费、住宿费等）：发包方不会支付承包方的开销

8. 票据条款。

a. 承包方要依据工作订单的条款及时向发包方提交正确的发票，以保证发包方及时向客户提交正确的发票。承包方必须每月提交正确的发票，或在合约结束后的 30 个日历日以内（以较早的日期为准）提交正确的发票，可通过发包方采购订单上或发包方另行书面规定的途径提交，其他任何发票提交方式均不予接受。

b. 提交发票时，必须将开票对应时数和费用细目通过电子邮件或传真提交给发包方，并得到发包方的认可。发票必须包含发包方的购货订单编号和本工作订单中指派的分包商名称。

c. 除非得到发包方授权，否则承包方在本工作订单中指派的人员必须每周提交工作时间，并且不得迟于当地时间每周五 23:59。开票费用必须在费用产生后 10 个营业日内提交。时间和费用均须通过网站提交到发包方的系统中，或者在得到发包方授权的情况下，通过电子邮件或传真提交给指定的发包方联系人。若要进入系统，承包方应负责在发包方系统中为每位相关工作人员申请一个账户。

d. 如果提交的发票与提供给发包方的时间项和费用项不符，发包方将拒收。仅当发包方收到所需信息，且该信息与发票相符时，发包方才会支付发票中涉及的款项。

e. 如果承包方未能满足合同所述要求，可能导致发包方无法向客户开具发票，从而不能全部或部分地收取工作款项。如果承包方不能及时提交正确的发票，发包方将保留合理拒绝付款和合理调整本工作订单项下应付金额的权利。

9. 合同生效日期。本合同于 2008 年 10 月 20 日或承包方开始提供服务之日起生效（以较早的日期为准）。本工作订单将于 2010 年 4 月 20 日到期，双方书面达成一致后也可延长订单期限。

启发思考题

1. 包含"背靠背"条款的合同是否具有合法性？合同所暗含的风险是什么？

2. 瑞科公司中焦国际项目达到进度的各里程碑时，为什么不能确认收入？收入确认的条件是什么？

3. 假定你是该企业财务负责人，第二年年底你赞成哪一种收入确认和营业成本结转的核算方法？你是支持小张的意见还是支持王谦的意见？为什么？

4. 假定你是中焦国际项目的负责人，面对软件外包行业的市场竞争格局和商业惯例，由你来草拟一份上书给公司总经理的管理建议书，你会考虑哪些问题，提出哪些建议？

教学目的与用途

1. 本案例主要适用于"财务会计"课程关于收入的确认与计量的教学。

2. 本案例适用对象：MBA、EMBA、企业培训人员，以及经济类、管理类专业的高年级本科生及研究生。

3. 收入核算是"财务会计"课程教学的重要内容，收入的确认，特别是何时确认，确认多少，是财务会计最复杂的问题之一。本案例以"背靠背"条款合同带来的收入确认难题为重点，通过教师的引导和学生的深入讨论以达到如下教学目的：

（1）理解收入的定义以及收入要素的特征，熟练掌握收入确认的五个基本条件。

（2）了解采用完工百分比法确认收入的具体条件和基本步骤。

（3）理解收入的确认必须结合交易实质、企业的商业模式和市场地位进行综合判断。针对不同交易的特点，分析交易的实质，正确判断每项交易中所有权上的主要风险和报酬实质上是否已经转移，是正确确认收入的关键。

（4）理解会计核算与企业管理之间的关系，认识到收入的会计决策需要建立在企业的风险管理，尤其是对交易的风险管理的基础上。

理论依据与分析

1. 收入确认的基本条件

根据财政部 2006 年发布的《企业会计准则》，收入是企业在日常活动中形成、会导致所有者权益增加、与所有者投入资本无关的经济利益的总流入，它不包括企业代第三方收取的款项。收入确认要求符合以下五个条件：第一，企业已将商品所有权上的主要风险和报酬转移给购货方；第二，企业既没有保留通常与所有权相联系的继续管理权，也没有对已售出的商品实施有效控制；第三，收入的金额能够可靠地计量；第四，相关的经济利益很可能流入企业；第五，相关的已发生或将发生的成本能够可靠计量。

收入确认的关键是已经实质上将与商品或劳务的所有权相关的主要报酬和风险转移给了买方，并获得收回货款的权利，否则即使商品已经发出，劳务已经提供，或者即使已经收到价款，也不能确认为收入。因而收入确认的基础是权责发生制，秉承的是实质重于形式原则。收入的确认条件要求企业针对不同交易的特点，分析交易的实质。在本案例中，瑞科公司的中焦国际项目在达到各里程碑项目进度时，受到合同中"背靠背"条款的限制，只要盛辉公司没有获得其甲方支付的相应比例的项目款，并认可瑞科公司的项目进度，瑞科公司与外包服务相关的主要报酬和风险就没有转移，也就没有收回项目款的权利。因此，在盛辉公司认可之前按照项目进度确认已经提供的外包服务的收入是不稳健的。

2. 完工百分比法

完工百分比法是指按照提供劳务交易的完工进度确认收入和费用的方法。在这种方法下，确认的提供劳务收入金额能够提供各会计期间关于提供劳务交易及其业绩的有用信息。

《企业会计准则第15号——建造合同》规定，在资产负债表日，建造合同的结果能够可靠估计的，应当根据完工百分比法确认合同收入和合同费用。

(1) 结果能够可靠估计的建造合同应根据完工百分比法确认合同的收入和费用。结果能够可靠估计的标准：合同总收入能够可靠地计量；与合同相关的经济利益很可能流入企业；实际发生的合同成本能够清楚地区分和可靠地计量；合同完工进度和为完成合同尚需发生的成本能够可靠地确定。

(2) 结果不能可靠估计的建造合同不能用完工百分比法确认，应视情况而定：合同成本能够收回的，合同收入根据能够收回的实际合同成本予以确认，合同成本在其发生的当期确认为合同费用；合同成本不能收回的，应在发生时立即确认为合同费用，不确认合同收入。

3. IT企业收入确认的特殊会计问题

由于IT企业的产品和劳务不具有实物形态，销售收入实现的确认标准在实务操作中比传统行业困难。考虑产品和服务的特性，收入确认通常有三种情形需考虑：（1）将软件产品直接提供给购货方时，如果软件需专用的加密设备或密码方可使用，则应在该加密设备或密码提供给购货方后方可确认软件销售收入；（2）如果软件产品的安装、调试或检验是销货方的责任，则应在该安装、调试或检验工作完成后方可确认软件销售收入；（3）软件开发或服务在按完工百分比法确认时，其完工进度应取得购货方的确认。

在《企业会计准则——收入》指南中，将"定制软件收入"作为特殊劳务交易事项，规定定制软件收入应在资产负债表日根据开发的完工程度确认收入，即采用完工百分比法确认收入。具体到完工百分比法的运用，定制软件业务应做到合同总收入和总成本能够可靠地计量、与交易相关的经济利益能够流入企业以及劳务的完成程度能够可靠地确定才能确认收入。如果定制软件劳务在资产负债表日不能同时满足上述标准，则按以下方法进行处理：如果已经发生的劳务成本预计能够得到补偿，应按已发生的成本金额确认收入，同时按相同金额结转成本；如果劳务成本预计不能补偿，按可补偿金额确认收入并按实际发生的劳务成本结转成本；如果已发生的劳务成本预计全部不能补偿，则不应确认收入，并将发生成本确认为当期费用。

4. "背靠背"条款合同及其实质

分包合同的"背靠背"条款（pay when paid），是指总承包商在分包合同中设定的，以获得业主支付作为其向分包商支付的前提的条款。目前在某些行业，总承包商将"背靠背"条款作为向其分包商转移业主拖欠风险的重要手段。

《中华人民共和国合同法》（以下简称《合同法》）第一百二十一条规定，当事人一方因第三人的原因造成违约的，应当向对方承担违约责任。当事人一方和第三人之间的纠纷，依照法律规定或者按照约定解决。因此，如果分包合同中没有"背靠背"条款的约定，总承包商因业主违反合同约定未向其付款，造成其未能按照分包合同约定向分包商支付分包价款，则应当按照法律规定和分包合同约定向分包商承担违约责任。而"背靠背"条款约定的核心内容在于，业主向总承包商支付合同价款是总承包商向分包商支付分包价款的前提，如果业主未向总承包商支付工程款，则分包商要求总承包商支付分包价款的条件未成就，总承包商不仅不负有向分包商支付分包价款的义务，而且不用承担逾期付款的违约责任。根据这一核心内容不难得出，"背靠背"条款实质就是附条件合同条款，是关于总承包人付款义务（或分包商向总承包商主张分包价款权利）条件的约定。

我国法律对"背靠背"条款合同目前尚无禁止法令，并且该条款在法律上具有一定的合理性（附条件的分包合同），因此只要不是滥用，就可以认为有法律效力。

5. 如何管理"背靠背"合同的风险

虽然"背靠背"条款具有合法性和合理性，但是，如果总承包商滥用"背靠背"条款，则其以此对抗分包商付款请求的抗辩理由就不应得到支持。例如，业主不存在拖欠总承包商合同款的情况，或者总承包商为了自身的利益怠于向业主主张权利，甚至与业主达成其他的不正当交易等阻止分包合同项下支付条件的成就，从而损害分包商的合同利益。根据《合同法》第四十五条"当事人为自己的利益不正当地阻止条件成就的，视为条件已成就"的规定，分包款支付条件依法应视为已成就，总承包商将无权再援引"背靠背"条款对抗分包商的付款请求。

由于总承包合同一般具有标的大、履行期限较长、不确定性因素较多的特点，因此在履行过程中极易出现总承包商滥用"背靠背"条款来损害分包商的合同利益的情况。分包商应该充分认识到"背靠背"条款实施的限制，援引法律来有效地限制总承包商利用"背靠背"条款损害分包商的合同利益。在"背靠背"合同纷争中，各国法律倾向于要求总承包商对其抗辩理由承担严格的举证责任，包括：总承包商应举证证明业主尚未就分包工程付款；总承包商应当举证证明不存在因自身原因造成业主付款条件未成就的情形；总承包商应当举证证明自身已积极向业主主张权利。这些举证工作看似简单，但在实践中总承包商很难完成。分包商应该了解总承包商的责任与履行责任的困难，与总承包商商讨或者通过法庭解决上述争端。

课堂计划建议

本案例可以用于专门的案例讨论课，下面是按照时间进度提供的课堂计划建议，仅供参考。

建议在"财务会计"课程介绍收入和费用会计要素的确认、计量和披露之后使用本案例。整个案例课堂讨论控制在80～90分钟。

课前计划：教师提前1～2周发放案例正文，要求学生课前阅读，按照启发思考题对案例进行初步思考。

课堂讨论前言：教师简明扼要地介绍讨论主题。（2～5分钟）

　　分组讨论：每组 4～5 人，通过讨论交流，深入理解案例企业面临的问题和会计决策困境。（20～25分钟）

　　引导讨论：教师可以按照教学规划设计问题，引导学生讨论软件外包企业的盈利模式、市场地位、"背靠背"条款合同的法律风险、收入确认的基本要求等。在课堂讨论的高潮提出案例企业收入确认和项目成本费用结转的决策难题，询问学生的解决方案及依据，对比不同解决方案的利弊，促使学生真正掌握收入确认的决策原则。最后，引导学生讨论软件外包企业经营风险的控制手段，及其对于改善企业会计核算的意义。（控制在 55 分钟内）

　　讨论总结：教师对案例讨论进行归纳总结，进一步提出发散性问题，让学生课后思考。（5分钟）

主要参考文献

　　［1］中华人民共和国财政部. 企业会计准则（2015）［M］. 上海：立信会计出版社，2015.

　　［2］中华人民共和国财政部. 企业会计准则应用指南（2015）［M］. 上海：立信会计出版社，2015.

　　［3］韩世远. 合同法总论［M］. 3 版. 北京：中国法律出版社，2011.

智远公司的退股事件——三个创业股东的股权转让价格之争

摘要：

本案例讨论的是创业股东退股引发的股权价值确定问题。北京智远互联网有限公司（以下简称"智远公司"）由三个股东共同出资设立，约定按实际出资额分享盈利和承担亏损。在实际出资过程中，资金分两年注入，但是第一年一位股东出资较少，第二年按照约定的出资比例补齐了资金。经过三年的辛苦经营，公司有了较大的发展，但是其中一位创业伙伴突然提出退股，由此引发了有关股权清算和有关股权转让价格确定的难题。

关键词：创业企业；注册资金；退股；股权转让

0. 引言

初春的深夜，北京海淀区一写字楼内传出阵阵争吵声。声音来自智远公司经理办公室。今年年初公司因业务发展需要，刚刚在这个房租不菲的地段租下了大楼的七层作为办公场地，使用面积大约 180 平方米，包括员工区、会议室、摄影棚、经理室，麻雀虽小，五脏俱全。而此时，在装修简单明亮的经理室内，智远公司的三位股东陆超辉、徐峰和尹斌正在激烈争吵着……

"不行！在公司发展的关键时期你要退股？现在不是开玩笑的时候！"急脾气的尹斌大声说道。

"我也是实在没辙了才作出这一决定。你俩都知道，去年年底，我父亲的病情突然开始恶化，天天躺在医院里，情况很不稳定，我老婆也快生了，医院检查说是双胞胎，两边都需要钱，都得我来照顾。我就算是铁打的，也没法分出时间和精力没日没夜地在公司加班了！"陆超辉十分懊恼，语气中透出疲惫。

"你再坚持坚持，公司已经连续两年盈利，正处在快速成长期，如果保持目前的发展势头就能上一个大台阶，离我们当初的梦想就不远了。"尹斌越说越激动，"当初我们不是一起说好的吗？要么不做，要做就做到中国最知名，五年内把公司的资产做过千万，然后去融资，继续扩大规模，打造属于我们自己的品牌。照目前的发展状态，不用五年，公司的资产就能上千万！"

"我是不得已而为之，我必须得退股，对不起……"陆超辉坚持自己的决定。

"你忘记开业第一年最困难的时候了？刚开始为了吸引用户注册，提高网站浏览量，咱们低价甚至赔本销售；为减少损失不得不同时进行线下客户的开发；上门找客户推销，被保安当骗子挡在大门外；为了节省开支和时间，咱们几个天天吃方便面。智远能走到今天，是我们多少个日夜多少滴汗水一点点积累起来的，咱们当初的付出开始有回报了，大好的发展机会摆在眼前，你竟然跟我俩说退股，你舍得吗？你不是说过要做成一个不比京东、淘宝差的网站，打造自己的品牌吗？你的梦想呢？"坐在一旁很少说话的徐峰也在质问陆超辉。一阵静默中三人陷入了沉思……

1. 艰辛的创业第一年

陆超辉和徐峰是大学同学，毕业后都留在北京成了北漂。徐峰稳重有韧劲，进入一家大型互联网公司，不久便晋升为部门主管。陆超辉机灵，善于与人打交道，在一家服装公司从事销售工作。工作之余，两人经常在一起小聚。徐峰在工作中认识了性格直爽的IT程序员尹斌，一来二去，三个人成了好朋友。四年前，互联网和电子商务在中国蓬勃发展，涌现出不同类型的电子商务公司。当时，京东、亚马逊、当当占据B2C电子商务市场的大部分份额，而淘宝更是在C2C电子商务市场占据极大份额，然而，在进一步细分的专业化电子商务市场中却鲜有知名的公司。

陆超辉、徐峰、尹斌这三个有梦想和冲劲的年轻人，经常在一起商量如何创业。虽然互联网电子商务竞争日趋激烈，但他们觉得寻找差异化的商品做专业的 B2C 电子商务网站是有发展空间的，而且三人一起创业可以优势互补：尹斌可以负责网站架构和日常运营维护，徐峰可以负责公司的全面管理，陆超辉以前做的是服装家纺产品销售，可以保证公司的进货渠道。在做了充分的市场调查和权衡后，三人下定决心辞职，创办一家互联网公司，主要业务为线上销售丝绸与家纺制品，并配合线下销售、开发网站及组织培训。在与同类型公司比较后，为了使自己的公司能够顺利起步且拥有良好的发展空间，三人确定公司的注册资本为人民币 100 万元，考虑各自的经济条件，徐峰出资 40 万元，陆超辉和尹斌各出资 30 万元。

说干就干，首先要申领营业执照。可是，100 万元的注册资金让哥仨犯了愁，三个人毕业没几年，积蓄都不多，一下子拿不出这么多钱。他们从工商局得知，申请创建有限责任公司，首次出资额不低于总注册资本的 20% 即可，其余的注册资金可以分期缴足。这个好消息顿时吹走了笼罩在他们头顶的愁云，他们决定采取分期注资进行工商登记。

然而，一波未平一波又起，正当他们四处筹钱准备注册公司时，陆超辉的父亲突发脑溢血，虽然经过抢救老人的病情稳定下来了，但高额的医疗费用让陆超辉捉襟见肘。眼看他短期内拿不出足够的现金，而创业机会转瞬即逝，徐峰找尹斌商量，可以让陆超辉第一年少出些钱。三人最终商定：第一年陆超辉出 5 万元，徐峰出 25 万元，尹斌出 20 万元，第二年三人再把剩下的注册资金缴齐，即第二年陆超辉出 25 万元，徐峰出 15 万元，尹斌出 10 万元。这样，徐峰、陆超辉、尹斌的总出资额分别是 40 万元、30 万元、30 万元，占公司股份的比例为 40%，30%，30%。公司章程规定，股东按实际出资比例分享公司的盈利和承担亏损。

就这样，北京智远互联网有限公司在磕磕绊绊中诞生了，三个年轻人对未来充满了希望，摩拳擦掌，跃跃欲试，准备在这片新天地里干出一番事业。在公司成立后的第一次内部会议上，他们确定了智远公司的第一个五年规划：第一年让公司网站有些知名度，注册用户至少达到 1 万人，年销售额达到 300 万元，三年内实现年销售额 600 万元，争取第五年达到 1 000 万元。

开业初期，在陆超辉租住的 15 平方米的小平房中，三人商定网站上架产品的品类和型号后，陆超辉去找货源，徐峰负责物流和日常管理，尹斌架构数据库和网站。大部分时间，他们都是一人身兼多职，早上睁眼就开始干活，晚上做到后半夜，为了节省开支，吃住在小平房内。两个月后，尹斌将公司网络后台搭建完成，为节省费用，前台页面和前期的营销活动都是徐峰和陆超辉自学去做的。网站开始运营时并不顺利，第二个月服务器就出了问题——他们因太忙竟然忘记备份，造成不少数据丢失，三个人硬是三天三夜没睡觉，手工操作把数据补充上去。为开发固定客户，他们克难攻坚，锲而不舍，曾经有一位难缠的肖经理最终被攻下，同意每年过节订购智远的家纺产品作为职工福利，该公司现在已经成了智远公司的一个稳定客户。在公司创办的过程中，哥仨深深地体会到创业的艰难。在辛苦了一年后，网站注册用户不少，订单量和订单额也还令人满意，但为了吸引注册用户和增加订单量，很多笔业务都是低价甚至赔本去做的，一年算下来，共赔了 30 万元。年底，三人看到聘请的会计师事务所代账会计小李提交的财务报表，以及网站的销售数据，还算满意，期望第二年会有改观。

2. 同甘共苦迎来转机

新年伊始，智远公司借着元旦春节的销售旺季，开展多项大型营销活动，取得了很大成功。之后，公司将线上的团购和线下的销售活动相结合，增加了销量，此外，公司接了几个客户的网站建设业务。公司在第二年下半年扭亏为盈。第二年年初陆超辉凑足了 25 万元，加上徐峰的 15 万元和尹斌的 10 万元，共计 50 万元，补齐了注册资本金。望着每天来公司取货的快递人员、摄影师及员工们忙碌的身影，他们很是欣慰。年底看了代账会计小李送来的公司财务报表，他们终于松了一口气。经过两年的努力，公司扭亏为盈，赚了 80 多万元，这是他们三人精诚合作的成果，陆超辉与以前工作中所结识的客户签下几笔大订单更是功不可没。现在公司有 10 名员工，并租了一个 80 平方米的办公室。想起承载他们的汗水和艰辛的那间小平房，三人感慨万分。

很快又过了一年，公司业务蒸蒸日上，业务更忙了，员工又增加了一些，80 平方米的办公室早已不够用了，于是决定年底看房，转年搬家。这一年中，三人各负其责，将经营中遇到的各种问题逐一解决，虽然他们之间也有过争执，但是为了共同的奋斗目标将矛盾都一一化解。经过一年的努力，公司又成功地发展了三个订单量较大的固定采购客户，网站销售也不错。年底，代账会计小李送来了公司第三年的财务报表，并根据徐峰的要求把公司三年的主要财务数据进行了汇总（见附件）。

"第三年税后盈利 165 万元，三年总共赚了 215 万元！"三个人的手紧紧握在一起，辛苦付出终于有了不错的回报，而且公司发展势头看好，相信明年的收益会有更大的增长。

3. 蒸蒸日上突遇退股

转眼间，公司运营进入第四个年头。作为管理者，徐峰认为目前公司收入主要来源于网站及线下丝绸及家纺产品的销售，小部分来源于技术服务及广告收入。虽然现在公司已经小有名气，具有一定的与供货商议价的能力，但采购成本依然较高，并没有明显的价格优势，要想建立有竞争力的家纺品牌，公司必须拥有自己的生产线。经过权衡和实地考察后，徐峰打算利用公司这几年的盈利资金投资燕郊的一家民营纺织厂。当他把这个想法跟陆超辉和尹斌提了之后，尹斌表示赞同，陆超辉却在心里犯了嘀咕："我负责保障公司进货渠道，一旦公司开始自己生产产品，我这个位置不就可有可无了吗？"不过看着徐峰和尹斌雄心勃勃、踌躇满志的样子，陆超辉还是投了赞成票。

初春的一个傍晚，早已过了下班的时间，徐峰办公室的灯仍然亮着，他正伏在一大堆文件资料中，考虑着如何降低收购纺织厂的成本。突然，门吱呀一声开了，徐峰抬起头，是陆超辉走进了办公室。

"超辉，你来得正好，你在外面跑业务接触面广，对纺织企业比我了解。你看看，这家纺织厂值这个价吗？"徐峰笑呵呵地把起草的收购协议递了过去。

面对徐峰的热情，陆超辉迟疑了一下，说："有件事我想跟你和尹斌说一下。"

从陆超辉的语气中，徐峰察觉出了异常，试探地问："啥事啊，表情这么严肃，你等等，我喊尹斌过来。"他随后拨通了尹斌的电话，同样还在加班的尹斌来到了办公室。

"啥重要的事情？收购谈成了？"尹斌急切地问道。

"我要退股。"当陆超辉把自己的想法说出来后，徐峰和尹斌的表情立刻凝固，办公室瞬间静下来。

好一会儿，尹斌才冒出一句话："等等，你说你要退股？"

"不错，我要退股。"陆超辉十分坚决地答道。

"为什么？公司现在的发展势头这么好！"

"不是公司的原因，是我个人的问题。我父亲那病你们都知道，每天医药费就像水一样往外淌，我妻子也快要生产了，得我去照顾她，而且等孩子出生后，又是一大笔开支，现在钱对我太重要了。"

"钱的问题，我跟徐峰可以一起想办法帮你解决，干嘛非要退股呢？"尹斌的话语中夹杂着一丝质问。

"如果只是钱的问题，那倒简单了。我现在既要照顾父亲，又得照顾妻子，实在没有精力为公司东奔西走了。再说，我们男人在外拼命打拼是为了什么，不就是为了有能力来照顾家人吗？有'舍'才有'得'，现在家人需要我的陪伴和照顾，我必须舍掉一些东西。两位，对不起了。"

"于是你就不管兄弟我们了？好歹我们哥仨在一起奋斗了这么多年，你也不提前打个招呼，说走就走？"急脾气的尹斌有些生气。

"我这不是在跟你打招呼吗。"陆超辉回应道。

于是，便有了开头的争吵。时针已经指向11点，三人还在争执。眼见陆超辉去意已决，任凭徐峰和尹斌怎么劝说都不动摇，徐峰觉得没有必要再争论下去了，说："这样吧，超辉，我理解你现在的困难，同意你的决定。"

见徐峰同意了陆超辉的决定，尹斌也泄了气。"今晚就先到这，大家早点回去休息。过几天我们再把退股方案商量一下，好聚好散嘛。"徐峰对大家说，语气有些无奈。

陆超辉早早离开了办公室，当尹斌也准备离开的时候，徐峰叫住了他："尹斌，我有一个想法，不知道你能不能接受，超辉这几年为公司贡献不小，虽然家里的事很多，可是从来没有耽误过公司的事，现在他遇到了困难，咱们分股的时候多给他点照顾吧。"

"我同意，公司发展到现在，超辉功不可没，我们做了这么多年朋友，帮帮他是必须的。"尹斌没有犹豫就表了态。

第二天，徐峰向工商部门咨询了关于有限责任公司股东退股的事宜。他了解到：如果股东选择退股方式退出企业的话，企业需要请专业的中介机构进行资产清算，确定企业向股东回购股份所需的金额，而且公司的注册资本金也需要变更，手续烦琐，并且对公司的正常运营影响较大；而如果选择股权转让的方式，只需要其他股东或第三方认购其股份即可，流程简单快捷。跟尹斌商量后，他俩打算一起把陆超辉的股份买下来。

4. 股权转让价的争议

公司财务报表显示，截止上年年底公司的净资产为315万元，其中，股本

100 万元，盈余公积 21.5 万元，未分配利润 193.5 万元，陆超辉拥有公司 30%
的股份，也就是说拥有公司 94.5 万元的净资产。两人考虑到陆超辉的家庭困
难，最终商定一起出 95 万元收购陆超辉所拥有的公司股份。之后，他们草拟了
一份股权转让协议。

两天后的下午，三人如约来到了徐峰的办公室。

徐峰拿出股权转让协议对陆超辉说："我跟尹斌打算把你的股份买过来，这
是我们草拟的股权转让协议，你看看行不行？"

陆超辉看过后没有说话，从公文包里拿出了一份自己拟定的协议放在桌
子上。协议上写明：陆超辉第一年实际出资 5 万元，占公司出资总额的
10%，承担公司第一年的亏损 3 万元；第二年、第三年实际总出资 30 万元，
占公司出资总额的 30%，应享有公司的利润分配 73.5 万元；初始出资额 30
万元；持有股份的资本溢价 15 万元；最终的股权转让价格是 115.5 万元。徐
峰看着这份协议，眉头越皱越紧。他把协议递给尹斌，尹斌看完后蹭地一下
站了起来。

"115 万元？你还真敢开口，亏得我跟徐峰还念着你现在有困难，给你多分
点，你倒好，直接狮子大开口。"说完又转向徐峰，"哎，咱俩真是心太软，看
错人了！"

"是啊，超辉，我们当初不是约定了按各自的股份分享盈利、承担亏损吗？
怎么第一年你变成 10% 了？还有我和尹斌好心承接你的股份，怎么还要溢价转
让？"徐峰比较冷静，但还是对陆超辉提出了质疑。

"我这样算是有道理的。第一年我实际出了 5 万元，占 10%，也就承担这 5
万元对应的亏损；至于溢价部分，这是完全应该的，是我为公司所做贡献的价
值体现。"陆超辉反驳道。

"狡辩！当初公司成立的时候，协议上说了你的股份是 30%，说什么也降
不到你所谓的 10%！"尹斌拍着桌子，急红了脸。

"你看清楚了吗？公司章程是按实际出资比例分配盈利和承担风险，第一年
我实际出了 5 万元，当然是 10%，第二年、第三年我出到 30 万元了，所以变
成 30%，一点没有少算！"陆超辉说得理直气壮，显然是有备而来。

"那 15 万元的溢价你又是怎么算的？"徐峰问。

"公司注册资本 100 万元，按照现在公司的盈利能力，这 100 万元已经升值
了，往少里算至少升值了 50%，50 万元，我占 30%，溢价就是 15 万元"。

没等徐峰和尹斌说话，陆超辉又接着说："30% 还是我按少的算的，你们想
想，四年来公司网站上的活动大部分都是我策划的，整个公司的供应链也是我

一个人一手创办的，就连第一年我们办公用的房子也是我的。"

"而且，要不是我在关键时候拉到以前客户的几个大订单，说不定公司已经倒闭了。"陆超辉继续补充着，"如果按每个人的实际贡献算，我能拿到的肯定不止115万元。"

"按你这么说，公司好像是你一个人撑起来的。坐在这里的谁的贡献小？"尹斌气得声音发抖，"前年公司有阵子现金都压在货上，员工工资拖欠一个多月，几个业务骨干都想离开公司，是我拿出家里的10万元化解了危机。还有，前几个月我们进的那批高级丝绸制品30万元的货款，是徐峰个人垫付的，由于公司现金流困难，这笔钱现在还欠着他呢。你这么急着退股，还漫天要价，是不是想先把我们公司搞垮，再自己单干啊？"

"尹斌，别激动，别激动，有话都摆台面上慢慢说。"徐峰还是一如既往的冷静，他隐约觉得，陆超辉的退出似乎没那么简单，"超辉，你也明白，现在公司要发展，一块钱都得掰开当两块花，115万元是不是太多了？"

"我的理由都跟你们说清楚了，每一条都有理有据，况且，我已经作出让步了。115万元，不能再少了。"陆超辉的态度依旧很强硬。

"不行！至少我不同意！"尹斌拍着桌子说道。一来二去，双方又吵了起来。

"当当当"，门外传来一阵敲门声。"请进！"徐峰一边答道，一边用手势示意陆超辉和尹斌安静一下。

代账会计小李走进来，"徐总，这是公司上个月的报表，请您看一下，如果没有问题请您签字。"

接过报表，徐峰突然有了一个主意，"小李，你先等一下，还有件事得拜托你。"他接着对陆超辉和尹斌说："这样吧，关于超辉的股份转让一事，涉及法律、工商、税务和财务核算等方方面面的问题，我们双方站在各自的立场上，各说各的理，很难达成一致，不如请会计师事务所帮我们制定一个股权转让定价的方案，我们再坐下来商量，你们看怎么样？"他见两人没有做声，应该是默认了，又转过头对小李说："你为公司记了三年的账，对我们的情况也很了解，现在陆超辉要转让他的股权，可是我们对政策、法律都不太懂，还得请你们事务所帮我们拟份股权转让协议，你看可以吗？"

"好的，没问题。今天是星期四，下周一我就把拟好的股权转让协议给您送过来。"小李爽快地答应了。尹斌和陆超辉见事已至此，便不再做声，沉默着离开了徐峰的办公室。

5. 尾声

当天下班后，小李回到会计师事务所，找出了《中华人民共和国公司法》（以下简称《公司法》）、税法和《企业会计准则》，一页一页地翻看着，寻找与股权转让有关的会计、法律规定，智远公司三年来的财务报表也放在办公桌上。

徐峰、陆超辉、尹斌三个曾经无话不谈、并肩战斗的好兄弟，也各自回到家中。徐峰想不通陆超辉为什么这么急着退股，想起哥仨这几年的创业经历，唏嘘感慨，怅然若失；尹斌还没有从争吵中缓过神来，闷闷不乐，觉得陆超辉太自私了；陆超辉也忧心忡忡，不知道会计师事务所拟的股权转让协议会偏向哪一方。

附录：智远公司历年资产负债表与损益表

表1 　　　　　　　　　　　　　历年资产负债表　　　　　　　　　　单位：元

资产	期末余额（第一年）	期末余额（第二年）	期末余额（第三年）	负债和所有者权益	期末余额（第一年）	期末余额（第二年）	期末余额（第三年）
流动资产：				流动负债			
货币资金	82 700.00	1 641 595.25	1 369 495.25	应付账款	245 000.00	1 500 000.00	1 410 000.00
应收账款	20 000.00	1 950 000.00	2 738 292.22	预收账款	30 000.00	650 000.00	322 000.00
预付账款	50 000.00	100 000.00	630 000.00	短期借款	50 000.00	600 000.00	800 000.00
存货	250 000.00	500 000.00	793 089.75	应交税费	(32 300.00)	21 595.00	24 087.22
非流动资产：				所有者权益：			
固定资产	100 000.00	100 000.00	100 000.00	实收资本	500 000.00	1 000 000.00	1 000 000.00
累计折旧	10 000.00	20 000.00	30 000.00	盈余公积		50 000.00	215 000.00
固定资产净值	90 000.00	80 000.00	70 000.00	未分配利润	(300 000.00)	450 000.00	1 935 000.00
资产总计	492 700.00	4 271 595.25	5 600 877.22	负债和所有者权益总计	492 700.00	4 271 595.00	5 600 877.22

表 2 历年损益表 单位：元

项目	本年累计数 （第一年）	本年累计数 （第二年）	本年累计数 （第三年）
一、营业收入	300 000.00	6 500 000.00	9 370 000.00
减：营业成本	240 000.00	4 875 000.00	6 300 000.00
营业税金及附加		20 145.00	47 207.47
销售费用	200 000.00	368 000.33	484 792.53
管理费用	143 000.00	235 477.00	282 000.00
财务费用	7 000.00	42 000.00	56 000.00
二、营业利润	(290 000.00)	959 377.67	2 200 000.00
营业外收入		9 065.00	
减：营业外支出	10 000.00	1 776.00	
三、利润总额		966 666.67	2 200 000.00
减：所得税费用		166 666.67	550 000.00
四、净利润	(300 000.00)	800 000.00	1 650 000.00

启发思考题

1. 我国 2005 年颁布的《公司法》对企业设立时资本金注册、股东退股、股权转让的法律规定有哪些？

2. 本案例中双方关于股权转让价格的具体争议有哪些？陆超辉所提方案是否合理合法？

3. 所有者权益价值的内涵是什么？资本溢价的原因是什么？资本溢价的金额应该怎样确定？

4. 你认为会计师事务所的小李拟定的股权转让价格是多少？计算依据是什么？

教学目的与用途

1. 本案例主要适用于"财务会计"课程所有者权益核算的教学。

2. 本案例适用对象：MBA、EMBA、企业培训人员，以及经济类、管理类专业的高年级本科生及研究生。

3. 所有者权益是会计的六大要素之一，所有者权益的核算是"财务会计"课程教学的重要内容。本案例以创业股东退股和股权转让价格的确定难题为重点，通过教师的引导和学生的深入讨论以达到如下教学目的：

(1) 理解所有者权益的内涵及构成内容，掌握投入资本及留存盈余的概念和核算要求。

(2) 了解关于注册资本、股权转让及转让价格确定的法律规定。

(3) 理解股权转让价值的内涵，以及资本溢价的原因和计价方式。

(4) 思考有限责任公司股东退股的合理性，以及创业企业通过股权管理避免退股纷争的具体途径。

理论依据与分析

本案例分析涉及的理论包括三个部分：一是财务会计关于所有者权益、资本溢价、股东权益的价值等理论；二是商法关于有限公司的人合性质、出资、退股及股权转让的规定；三是创业管理理论。"财务会计"课程侧重的是运用前两个方面的理论进行的分析。案例分析内容的逻辑关系见图1。

本案例分析的依据如下：

1. 2005 年修订的《公司法》第二十六条规定："有限责任公司的注册资本为在公司登记机关登记的全体股东认缴的出资额。公司全体股东的首次出资额不得低于注册资本的百分之二十，也不得低于法定的注册资本最低限额，其余部分由股东自公司成立之日起两年内缴足。"

2. 2005 年修订的《公司法》第三条规定："有限责任公司的股东以其认缴的出资额为限对公司承担责任"；第三十五条规定："股东按照实缴的出资比例分取红利；公司新增资本时，股东有权优先按照实缴的出资比例认缴出资。但是，全体股东约定不按照出资比例分取红利或者不按照出资比例优先认缴出资的除外。"

我国 2005 年发布的《公司法》和本案例企业章程都没有规定在分期注资情况下，如果各出资年份股东实际出资比例与约定比例不同，应该怎样确认

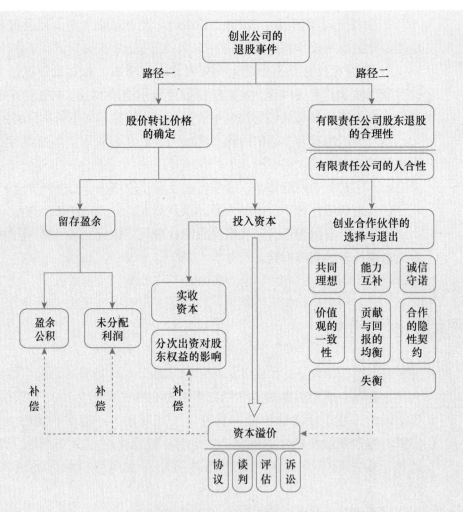

图 1　案例分析内容的逻辑关系

股东权益的享有比例，这也是本案例关于股权转让价格产生较大争议的重要原因之一。

3. 股东退股是指在公司存续期间，股东基于特定事由，收回其所持股权的价值，从而绝对丧失其股东地位的制度。2005 年修订的《公司法》第三十六条规定：有限责任公司成立后，股东不得抽逃出资。有限责任公司股东可以通过股权转让、退股两种方式退出公司。《公司法》第七十二条规定：有限责任公司的股东之间可以相互转让其全部或者部分股权。

2005 年修订前的《公司法》第三十四条规定："股东在公司登记后，不得抽回出资"，这一法律规定使股东无法提起退股诉讼，公司章程中关于股东退股的约定也可能被法律否定。2005 年修订的《公司法》把有限公司变成了与合伙企业信用基础几乎相同的人合公司，允许股东退股。根据公司的人合性要求，有限公司的有效生存和对外信用依赖于股东之间的相互信赖和团结合作。一旦股东之间的合作关系出现无法修补的破裂，则公司的经营会受到巨大影响，如果矛盾双方的股东势力均等，公司的运转还会陷入僵局。

4. 股东退出公司可以选择适用转让出资或者强制公司收购股份的方式，但是两种方式都涉及股权转让价格的确定这一重要问题，价格偏低会损害退出股东的利益，价格偏高会损害公司的利益。因此，如何确定收购价格成为双方关注的核心问题。

股权转让价格的确定，通常可以考虑以下几种方式：第一，协商价格。协商价格是退出股东和其他股东谈判的结果，是双方达成的一致意见。第二，章程事先约定的价格或者计算方式。公司章程可以事先约定转让出资或者公司收购股份的价格，作为以后可能发生股份转让或收购时的价格。由于公司的财产价值是随时变动的，事先约定好的价格可能会高于股东提出退股时的实际价格，也可能会低于股东提出退股时的实际价格，有时可能会有比较大的偏差。在章程中事先约定计算方法是比较灵活的做法，例如可以约定以股东提出退股时的公司账面价值来计算收购价格，也可以将股东的原始出资予以退回，还可以约定由专门机构进行评估。第三，司法评估价格。当提出退股的股东与公司或者其他股东达不成一致意见时，诉讼就会成为最后的选择。在诉讼过程当中，股东可以向人民法院提出司法评估的申请，由法院委托专业的评估机构进行评估。

5. 所有者权益是指企业资产扣除负债后由所有者享有的剩余权益，包括实收资本（或股本）、资本公积、盈余公积和未分配利润，在股份制企业又称股东权益。所有者权益是企业投资者对企业净资产的要求权，所有者以其出资额的比例分享企业利润，与此同时，必须以其出资额承担企业的经营风险。

所有者权益的具体构成要素又可以划分为投入资本和留存盈余两类：

（1）投入资本包括实收资本（或股本）及资本公积。实收资本是指企业的投资者按照企业章程或合同、协议的约定，实际投入企业的各种财产，是企业注册登记的法定资本总额的来源。它表明所有者对企业的基本产权关系，实收资本的构成比例是企业据以向投资者进行利润或股利分配的主要依据。资本公积是指投资者或者他人投入企业、所有权归属于投资者并且投入金额超过法定资本部分的资本。资本公积包括资本溢价和其他资本公积，主要用于转增资本。

（2）留存盈余是指企业从历年实现的利润中提取或形成的留存于企业的内部积累，包括盈余公积和未分配利润。盈余公积是指企业按规定从税后利润中提取的积累资金，包括法定盈余公积和任意盈余公积，盈余公积可以用于弥补亏损、转增资本或者发放股利。未分配利润是企业实现的净利润经过弥补亏损、提取盈余公积、向投资者分配利润后留存在企业的历年结存利润，是未确定用途的留存收益。

6. 所有者权益价值的内涵，不仅包括所有者权益的账面价值，还包括资本溢价。资本溢价是指投资者交付企业的出资额大于其在企业注册资本金中所享有份额的数额，是资本公积的主要构成内容。

创立有限责任公司时，投资者认缴的出资额一般全部记入"实收资本"账户。当企业需要扩大经营规模吸收新的投资者加入或进行重组时，为了维护原投资者的权益，新加入投资者的出资额通常要大于其在注册资本中所占的份额。因为：第一，企业在创立时要经过筹建、试生产经营、寻找和开拓市场等创业过程，此阶段投资风险较大，投资报酬较低。当企业进入正常的生产经营阶段后，资本收益率一般要高于企业的初创阶段，这是企业的创办者投入的原始垫支资本带来的，并为此付出了代价。所以，企业初创时投入的资本与正常经营过程中投入的资本的获利能力不一致，新的投资者需要付出大于初创时原始投资者的出资额，才能获得与其相同的投资份额。第二，企业经过多年的经营与发展，从历年的净利润中提留了相当数额的留存收益，这部分留存收益属于原始投资者，而新投资者加入企业后对这部分积累也要分享，所以就要求其付出大于原始投资者的出资额，才能取得与原投资者相同的投资比例。除此之外，企业在发展过程中也可能形成了未确认的自创商誉，新的投资者要分享表外商誉带来的超额回报，就需要付出比原投资者更多的出资额，才能获得相应的投资份额。

如果存在股权的收购市场，资本溢价比较容易确定；在股权内部转让的情况下，资本溢价的确定取决于双方对企业价值的评估及双方的讨价还价能力，较难达成共识。争议双方可能最终要委托资产评估中介，或者付诸法律解决问题。

7. 创业合作各方对于共同创业诚信守诺，是创业合作的"隐性契约"。隐性契约本用以阐述雇主和雇员之间达成默契的非正式契约，是一种双方心照不宣、对双方有约束力的制度规则，它隐含在正式契约中。隐性契约后来被用以解释企业利益相关者的财务关系、消费者与企业之间的关系等。

隐性契约本质上是显性契约的衍生品。显性契约的缔结是为了降低市场利益主体的交易成本，契约内容得以履行的基本保证是相关的法律法规；隐性契约无法明确地写入契约是因为契约的签订成本太高，能否兑现隐性契约要求权取决于利益主体的信用。显性契约是基本契约，契约内容强调满足利益主体基本物质利益要求，其存在具有普遍性；而隐性契约是衍生契约，侧重于满足利益主体的精神利益要求，其存在具有相对特殊性。显性契约具有静态性与离散性，不注重利益主体缔约能力的动态变化；隐性契约具有动态性与连续性，利益主体会由于外界与自身条件的变化而改变利益要求权。

课堂计划建议

本案例可以用于专门的案例讨论课，下面是按照时间进度提供的课堂计划建议，仅供参考。

建议在"财务会计"课程介绍所有者权益会计要素的确认、计量和披露之后使用本案例。整个案例课堂讨论控制在80～90分钟。

课前计划：教师提前1～2周发放案例正文，要求学生在课前阅读，按照启发思考题对案例进行初步思考。

课堂讨论前言：教师简明扼要地介绍讨论主题。（2～5分钟）

分组讨论：每组4～5人，通过讨论交流，深入理解案例企业面临的问题，并讨论解决之道。（20～25分钟）

引导讨论：教师可以按照教学规划设计问题，引导学生充分讨论并深入理解资本金注册、股东退股、股权转让的法律规定，以及资本金核算、资本溢价、股东权益价值确认等会计问题。（控制在55分钟内）

总结：教师对案例讨论进行归纳总结，简单阐述相关理论要点，进一步提出发散性问题，让学生课后思考。（5分钟）

主要参考文献

[1] 中华人民共和国财政部. 企业会计准则（2015）[M]. 上海：立信会计出版社，2015.

[2] 中华人民共和国财政部. 企业会计准则应用指南（2015）[M]. 上海：立信会计出版社，2015.

康恩公司
固定资产可使用状态之争

摘要：

本案例讨论的是借款费用停止资本化及固定资产开始计提折旧的时点问题。康恩公司从事母婴用品销售，正经历从传统商务到全面电子商务的转型。为建立新的信息中心，康恩公司借款 5 800 万元购买信息中心所需建筑物，并对其进行强弱电改造及设备的采购与调试。目前困扰康恩公司管理层的是：购买信息中心写字楼层的借款利息应何时计入当期费用？信息中心写字楼层应何时开始计提折旧？

关键词： 借款利息；资本化；折旧计提

0. 引言

1月底的一个傍晚，康恩公司的财务经理纪岩驾车回到北京望京的家中，才 6 点半，一路上真顺畅！纪岩的心情难得这样轻松，经过一个月的辛劳，他率领财务部门刚刚完成公司的年终决算。

过去的一年对于康恩公司来说非常重要，公司正处于战略转型的关键时期。从新鲜出炉的财务报表看，公司业绩颇为可观，各项财务指标都达到了预期水平。纪岩终于可以松一口气，带着妻儿回老家陪父母过一个团圆年。

"叮铃铃，叮铃铃……"手机突然响起来。此时是下班时间，谁还会打来电话呢？

"喂，请问是纪经理吗？"电话的另一端传来了公司审计部经理王庆阳的声音。

"王经理，我是纪岩，您有什么事儿吗？"

"纪经理，不好意思打搅您，集团内部审计的人刚离开我办公室，咱们公司的专项审计有问题，您知道是怎么回事吗？"

"啊！是不是信息中心借款利息资本化的事？我们是依据准则处理的，肯定没有问题。"

"可是注册会计师坚持自己的意见啊！"

"这就麻烦了，我再和他们沟通一下，不行就找孙总汇报吧。"

挂了电话，纪岩眉头微蹙，此前的好心情也了无踪影。到底是怎么回事呢？这还得从康恩公司的转型说起。

1. 康恩公司及其控股母公司

康恩公司 2003 年 5 月成立于北京，是一家专营海外进口和国内中高端母婴用品批发和零售的公司，经营范围涵盖母婴食品、用品、营养品、车床寝具、服饰、玩具、图书、音像、软件等。康恩公司的管理团队将严格把控产品质量作为管理重点，坚持只从品牌厂家、正规代理商、国内外专柜等可信的进货渠道采购商品，并在采购部专门设置质检员。公司致力于让消费者和购货商拥有良好的服务体验，同时获得优质产品，赢得了良好的市场口碑。在过去的 3 年中，公司销售额年均增长 28％，净利润年均增长 30％。公司的市场份额呈现逐年快速增长的态势，客户对公司产品的需求越来越大。

康恩公司是中益集团的控股子公司，中益集团是国内领先的食品、日用品、服饰等领域多元化产品和服务的供应商，旗下拥有 20 多个子公司。经过 10 多年的努力，中益集团建立了较为完善的财务集中管控和内部控制体系。总部掌控集团成员投资的财务战略规划，并通过预算管理对各类投资活动的现金流量进行控制，集团成员的对外融资管理权也集中在集团本部。为了确保总体战略和经营目标的实现，中益集团每年将预算指标分解下达，与各层级子公司负责人签订业绩责任状，年末进行绩效考核。与此同时，在审计委员会授权下，集团审计部门每年对集团成员的内部控制进行检查和评价。

2. 企业转型，顺水行舟

　　康恩公司 2010 年开始尝试 B2C 电子商务，并于同年正式推出康恩母婴用品网上商城。凭借实体店打下的基础和良好的口碑，电子商务平台一上线便获得了各地消费者的青睐，迅速扩展了康恩的销售范围和潜在客户。B2C 电子商务试运行一年，公司净利润增加了 45.6%，主营业务收入增加了 48.2%。

　　康恩公司总经理孙诚午认识到，虽然公司这些年的经营业绩一直在增长，但是实体店租金成本、人力成本也在节节攀升，盈利空间有限的问题逐渐凸显。与实体店相比，网络购物的潜在客户群体数量庞大，交易成本低，具有价格优势和便捷安全的特点，未来 B2C 运营的商机无限。一年多的网上商城试运营，让康恩公司对电子商务运营模式有了比较深入的了解。虽然企业从传统商务向电子商务转型，还会遇到资金、人才、运营控制和信息技术上的障碍，但是孙诚午认为，必须果断决定，抢抓先机，进军 B2C 母婴用品市场，逐渐放开实体店经营。孙诚午的决定得到了康恩公司董事会及中益集团的支持，2011 年 6 月公司正式实施战略转型。

　　孙诚午是经过公开招聘，过五关斩六将当上康恩公司总经理的。对于康恩这次转型，孙诚午充满了信心。财务经理纪岩与孙诚午从同一所大学毕业，他做事踏实勤勉、认真负责，平日里颇受孙诚午赏识。这次公司作出战略转型和筹建新信息中心的决策，纪岩也是重要的参与人员之一。纪岩很清楚，作为一家贸易类企业，流动资金占用率很高，现有的资金绝对不足以支持公司转型所需的投入。向集团申请借款筹建新的信息中心也是纪岩最先提出来的。

3. 信息中心，重中之重

　　实现从传统商务到 B2C 电子商务的转型，完备的网上交易系统是非常重要的条件。公司在 2010 年委托某高校计算机学院开发了网上商城，并在万网租用了一台主机正式上线。然而，随着网上客户的增多，原有的软硬件及配套措施已经不能满足要求，引发了一系列问题。例如，租用的服务器性能及带宽不能满足大量用户同时使用，当并发用户数增多时网上商城需要较长时间才能响应，这个问题在公司推出打折特价活动时尤其明显。又如，建站后由于人力限制没有专门的工程师负责网上商城的维护管理，在试运营期间由于用户数太多造成服务器无法响应，有 3 次超过 24 小时才恢复正常，有 2 次被黑客攻击，48 小时之后才恢复正常，大量数据包括订单丢失。除此之外，网上商城内容更新不及时，新产品上架和过期产品下架用时长，用户反馈的意见及建议得不到及时回应，反映的问题不能及时解决，招致客户的抱怨。

鉴于此，在实施战略转型之后，康恩公司决定建立新的信息中心，集团也表示支持。经多方调查和反复评估，公司决定购买周边一座写字楼的一层，将其改造为信息中心。由于写字楼原有电源系统的稳定性、额定电流及空调系统等不能满足需求，改造工程十分复杂，需要进行强弱电改造和辅助系统的构建，包括防雷接地系统、集中监测系统、远程操作系统、消防系统、精密空调系统等；还需要购进信息中心运行所必需的各种类型服务器并完成相应的连接调试。最后算下来，信息中心项目投资总额为 5 800 万元，其中建筑物购置费用为 5 000 万元，强弱电改造及服务器等配套设备的投资共 800 万元。

公司迅速组成了信息中心建设项目部，孙诚午亲自挑选了既有技术背景又有项目管理经验的王刚担任项目负责人，希望王刚能够带领团队在 2012 年 6 月前完成这个项目。王刚也拍了胸脯，保证按时高质量完成任务。

由于得到集团总部的支持，5 800 万元的资金很快就有了着落。2011 年 10 月康恩签订了两份借款协议，其中，5 000 万元来自招商银行的 5 年期长期借款，用于购买信息中心所需建筑物，年利率为 6.55%，每年付息，到期一次还本；800 万元来自兴业银行的借款，贷款期限 3 年，利率、还款方式与招商银行借款相同，专门用于强弱电改造及设备采购。借款协议签订之后，资金很快就到账了。

4. 项目建设，一波三折

然而，信息中心项目的实施过程，按照事后王刚的总结是"能想到的麻烦全没躲开，没想到的麻烦也都遇上了"。项目建设过程磕磕绊绊，到2012年年底还没有完工。

2011年11月，康恩公司与写字楼卖家签订了房屋买卖合同，并一次性付清了全部5 000万元的房款，可是办理产权过户时却遇到了问题。原来，在签订合同之前，康恩公司了解到卖家曾经将该层写字楼抵押贷款，卖家声明还款还有最后一期，一个月后就还清。反复磋商之后，公司高层认为该写字楼的地段、价格合适，在二手房市场为卖方市场、价格节节攀升的情况下，尽快签订合同为上策，因而在调查印证了卖方的贷款还款情况以及财务状况之后，签订了买房合同并付出全款。然而事与愿违，由于各种原因，卖家还清贷款并完成抵押解除登记花了4个月，房屋所有权证的过户手续直到2012年4月才完成。

麻烦远不止这些。房产过户之后，康恩公司通过招标决定委托翔宇建筑公司进行强弱电改造，但是报批的工程合同却被集团否定了。集团认为，信息中心能否安全有效运行是康恩公司转型的关键，施工单位的建筑智能化工程专业承包资质应该达到一级，而翔宇建筑公司只有二级资质。康恩公司只能进行新一轮的公开招标，一套程序走下来又耗了一个多月，最终将工程委托给了具有一级资质的启明国际设计工程公司。工程开始时间为2012年7月1日，工期7个月。改造工程分为两期：一期为3个月，完成配套系统的建设；二期为4个月，对所有房间的强弱电进行改造。孙诚午专门指示王刚，盯紧工程进度和质量，切勿再起波澜。还好，启明公司如期完成了核心机房的改造，截至2012年底，工期进度与预期相符。

然而一波未停一波又起。在启明公司对信息中心进行改造的同时，康恩公司也开始了机房设备的采购招标。有了上次的教训，康恩公司对投标公司的资质进行了严格的审核，最终决定从具有计算机信息系统集成一级资质的悦达公司采购设备。康恩公司管理层本以为乙方是一级资质，这次的合同审批应该没有问题了。未料到节外生枝，集团的另一家子公司正好也要进行网站的扩建，为节约成本，保证质量，集团决定对这两家子公司的设备集中采购，不再接受子公司单独购买的合同申请。

听到这个消息，王刚彻底泄了气，原来计划强弱电改造完毕设备就能进场，改为集中采购方式后就不知要多花多少时间了。果不其然，到了2012年年底，服务器等设备的采购工作还没有完成。为应对线上业务激增的现状，公司不得不出台多个应急方案，加强现有设备的监控与维护，招聘专人并增加兼职的员工负责维护和管理等，勉强维持网上交易系统的运行。

5. 集团审计，问题凸显

2012年年底，又到了中益集团审计部对集团成员每年一次的专项审计时间。审计的主要内容是投资与融资的内部控制，包括检查和评价重大投资与筹资决策程序的合规性、借款方式和资金使用投向的合规性、工程款及采购支付控制、日常核算与管理等。由于自身的审计力量有限，中益集团一直将内审业务外包给会计师事务所。

注册会计师李楠率领审计小组来到康恩公司，审计工作进行得非常顺利。李楠等人检查了公司本年投资的可行性研究报告、会议记录、投资与筹资的授权批准文件，以及借款合同、采购合同、工程管理文件与记录等，走访询问了相关人员，很快完成了对康恩公司投资与筹资内部控制的了解与测试。众多证据表明，该公司遵循了集团相关管理制度与流程，符合内部控制和风险管理的要求。

然而，在检查康恩2012年借款费用账务处理的时候，李楠发现了问题。信息中心所购写字楼层4月就完成了产权过户，2012年年底5 000万元购房借款的利息327.5万元全部计入了信息中心固定资产的购建成本。这说不过去啊！李楠赶紧又检查了公司本年的折旧记录，果不其然，截至2012年年底，康恩公司也没有对信息中心房屋计提折旧。如果按50年对房屋计提折旧，价值5 000万元的信息中心建筑物一年的折旧就得100万元。她心想，如果以房屋办理完过户手续为节点，今年的利息费用加上折旧，至少应该对本年利润产生将近300万元的影响，这可不是一个小数字！

为谨慎起见，李楠又重新检查了一遍借款合同、产权转让合同、产权证和相关的银行付款凭证等，并询问了康恩公司的会计，问题证实无误。她这才联系财务经理纪岩进行沟通，阐明问题，建议公司对借款利息及房屋折旧的会计处理进行调整。但没想到纪岩持完全不同的观点。李楠又找到康恩公司审计部经理王庆阳，王庆阳只是说他会和财务经理商量此事。于是就出现了开头的那一幕。

在沟通无果的情况下，李楠只好主动联系康恩公司总经理孙诚午，要求就这一问题进行一次面对面的交流。

6. 办公室内，针锋相对

孙诚午先后接到李楠和纪岩的电话，意识到问题的严重性。第二天一早，他便通知纪岩、李楠以及信息中心项目负责人王刚到办公室开会。

注册会计师李楠首先介绍了审计中发现的问题："这次审计中我们注意到，购置信息中心写字楼层发生的 5 000 万元借款，2012 年利息全部资本化计入购建成本，没有对相应的房屋计提折旧。但是写字楼层在 2012 年 4 月就办完产权过户手续，所以我们认为借款利息资本化和相关折旧的会计处理方式不妥，希望公司能配合进行相应的调整。"

纪岩解释说："您可能没有全面了解我们公司的情况，虽然这 5 000 万元的借款是专门用来购买一层写字楼的，但我们购买房屋的目的是用来建立信息中心。您也看到了，目前我们对于大楼的强弱电改造还没有完成，服务器等硬件设备没有完成采购和调试，固定资产远远没有达到预定可使用状态。"

"是，正如纪经理说的那样，目前信息中心改造的二期工程才刚刚开始，强弱电改造还没有完成，配套设备的采购甚至还没有开始……"王刚接过纪岩的话茬，开始介绍改造工程的进度。

李楠一边拿出笔记本，一边不客气地打断说："房屋过户手续在 2012 年 4 月办妥，过户手续办完后，房屋的购买已经全部完成。所以，用于购买写字楼层的 5 000 万元借款产生的利息自此时起应该停止资本化。同时，有关的折旧也应开始计提。我们算了算，应该有 218.33 万元借款利息需要费用化，还需要补提 66.67 万元的折旧，两项共计 285 万元。这可不是一个小数字，必须调整！"

"虽然这 5 000 万元确实是用来购买一层写字楼的，但我们购买写字楼的目的是建立信息中心。借款费用准则明确规定，购建的资产达到预定可使用状态时，借款费用才应当停止资本化。信息中心目前还在紧张的改造中，远远没有达到可使用状态。"纪岩耐心地解释。

听到这里，孙诚午疑惑地问道："什么是预定可使用状态？"

"预定可使用状态就是资产完成购买或建造，可以按照预定用途使用了。"纪岩向孙总解释，"《企业会计准则》写得很清楚，资产是否达到预定可使用状态，可以从三个方面进行判断。第一，资产的实体建造和安装已经全部完成或者实质上已经完成。第二，资产与设计要求、合同规定或者生产要求相符或基本相符。第三，继续发生在资产上的支出金额很少或者几乎不再发生。信息中心的购建显然没有完成，不仅如此，信息中心还需要进一步投入大量的资金。不应该现在停止借款利息资本化，也不应该现在就开始计提折旧。"显然，他是有备而来。

李楠不甘示弱，拿出借款合同的复印件，说道："您看这儿，借款用途写得清清楚楚，5 000 万元的借款用来购买一层写字楼。5 000 万元仅仅是用在写字楼上的，如果强弱电改造和设备采购的 800 万元和这 5 000 万元是同一笔借款，那么可以等信息中心改造完成再对大楼计提折旧和利息费用化。"

听到这里，纪岩有些生气："写字楼的预定用途是改造成信息中心，关于投资决策过程，你们可以看看我们公司的会议纪要以及集团的批复文件，5 000 万元借款的利息继续资本化，实质重于形式，符合会计基本原则的要求。"

"按照您的逻辑，如果公司要建一个车间，购建厂房的借款利息难道要等到购买安装了机器设备，或者干脆等到生产线正式投产才停止资本化吗？"

…………

争论一直持续到中午也没有个结果，孙诚午只好让大家先回去，自己再考虑考虑。

7. 尾声

午餐之后，大家都回办公室准备下午的工作。楼道里异常安静，孙诚午却坐在办公室里发呆。上午纪岩和李楠你一言我一语，似乎都有道理，却谁也说服不了对方。从刚拿到的财务报表看，今年的利润还是不错的，但如果按照李楠的观点，借款利息加上折旧，对今年利润的影响足足有 285 万元，这样的话，今年的业绩增长和预算比就会降低 20%。想到这里，孙诚午觉得心有点凉，这两年公司员工上下齐心，希望通过转型使公司走上一条持续发展的道路，但是从买楼开始，不顺利的事情就接二连三，不知道今后还会遇到什么更麻烦的事。公司目前正处在转型的关键时期，潜力无限，孙诚午多么希望今年的利润能鼓舞大家的斗志啊！但是眼下这个棘手的问题到底该如何处理呢？

附录：康恩公司信息中心建设进度表

表1 进度表

时间	计划进度	实际进度
2011.10	取得贷款	取得贷款
2011.11	签订房屋购买合同，付款	签订房屋购买合同，付款
2011.12	办理产权转让手续，工程招标，开始改造	延误
2012.1—3	一期改造工程	延误
2012.4	二期改造工程，设备采购招标	办理产权转让手续
2012.5—6	二期改造工程完毕，设备安装，投入使用	延误，工程招标
2012.7—9		一期改造工程
2012.10—12		二期改造工程、设备采购延误
2013.1		二期改造完成，设备采购
2013.2—3		设备采购、安装调试完成

启发思考题

1. 康恩公司借入5 000万元用于购买一层写字楼，其利息费用属于资金成本而不是建造成本，为什么可以资本化计入固定资产成本？

2. 康恩公司在购入信息中心建筑物并办理产权转移之后，5 000万元借款的利息为什么不停止资本化？康恩公司的依据是什么？

3. 你赞同哪种利息核算和固定资产折旧核算的方法？为什么？

4. 如何判断固定资产是否达到预定可使用状态？谈谈你的理解。

教学目的与用途

1. 本案例主要适用于"财务会计"课程关于固定资产核算和借款费用核算的教学。

2. 本案例适用对象：MBA、EMBA、企业培训人员，以及经济类、管理类专业的高年级本科生及研究生。

3. 资产和费用核算是"财务会计"课程教学的重要内容，而固定资产核算，尤其是包含借款费用的固定资产核算，由于涉及较多的会计判断，核算结果具有不确定性，是财务会计较为复杂的问题之一。本案例以固定资产可使用状态的判断难题为重点，通过教师的引导和学生的深入讨论以达到如下教学目的：

（1）理解固定资产预计可使用状态的含义及其在固定资产核算中的作用，了解固定资产是否达到预计可使用状态的判断标准。

（2）理解划分资本性支出和收益性支出的意义，以借款费用为例，了解支出的资本化及费用化对资产负债表及利润表的影响。

（3）了解会计判断的重要原则是实质重于形式，而交易和事项的经济实质在某些情况下是需要辨析的。

（4）理解不同会计政策选择将产生不同的经济后果，会计政策选择过程是相关利益集团的博弈过程。

理论依据与分析

1. 固定资产的购建成本

根据财政部 2006 年发布的《企业会计准则》，固定资产是指为生产商品、提供劳务、出租或经营管理而持有的，使用寿命超过一个会计年度的有形资产。固定资产同时满足下列条件的，才能予以确认：第一，与该固定资产有关的经济利益很可能流入企业；第二，该固定资产的成本能够可靠地计量。

固定资产应当按照成本进行初始计量。外购固定资产的成本，包括购买价款、相关税费、使固定资产达到预定可使用状态前所发生的可归属于该项资产的运输费、装卸费、安装费和专业人员服务费等。自行建造固定资产的成本，由建造该项资产达到预定可使用状态前所发生的必要支出构成。

确认固定资产并结转其购建成本，必须满足准则所要求的两个确认条件，确认时点是固定资产已经达到预定可使用状态。购入的写字楼层在办理产权转让手续之后有没有达到预定可使用状态，是本案例争议的焦点。

2. 资产预定可使用状态的判断

根据《企业会计准则》，资产是否达到预定可使用或者可销售状态，可从以下几个方面进行判断：第一，符合资本化条件的资产的实体建造（包括安装）或者生产工作已经全部完成或者实质上已经完成；第二，所购建或者生产的符合资本化条件的资产与设计要求、合同规定或者生产要求相符或者基本相符，即使有极个别与设计、合同或者生产要求不相符的地方，也不影响其正常使用或者销售；第三，继续发生在所购建或生产的符合资本化条件的资产上的支出金额很少或者几乎不再发生。

《企业会计准则》及其应用指南中对于资产预定可使用状态的判定标准没有完备的规定，具体业务发生时只能根据会计人员的职业判断来确定。会计人员进行职业判断的重要原则是实质重于形式，即企业应当按照交易或事项的经济实质进行会计核算，而不应当仅仅以它们的法律形式作为会计核算的依据。在实际工作中，交易或事项的外在形式或人为形式并不能完全真实地反映其实质内容，比如在本案例中康恩公司购入的建筑物可以独立确认为一项固定资产，购买写字楼层的 5 000 万元借款与强弱电改造和设备采购的 800 万元借款不是来自一家银行或同一项目借款，购买写字楼层的借款合同可能也没有标明用途是建造信息中心。但是会计核算必须考虑交易或事项的实质和经济现实，在本案例中写字楼的预定用途是建立信息中心，必须进行强弱电改造之后才能按照原定用途使用，所以是否达到预定可使用状态要根据这一交易的实质判断。

3. 借款费用资本化的条件

借款费用是指企业因借款而发生的利息及其他相关成本。根据《企业会计准则》，企业发生的借款费用可直接归属于符合资本化条件的资产的购建或者生产的，应当予以资本化，计入相关资产成本；其他借款费用应当在发生时根据其发生额确认为费用，计入当期损益。符合资本化条件的资产，是指需要经过相当长时间的购建或者生产活动才能达到预定可使用或者可销售状态的固定资产、投资性房地产和存货等资产。

借款费用同时满足下列条件的，才能开始资本化：第一，资产支出已经发生，资产支出包括为购建或者生产符合资本化条件的资产而以支付现金、转移非现金资产或者承担带息债务形式发生的支出；第二，借款费用已经发生；第三，为使资产达到预定可使用或者可销售状态所必要的购建或者生产活动已经开始。

购建或者生产符合资本化条件的资产达到预定可使用或者可销售状态

时，借款费用应当停止资本化。在符合资本化条件的资产达到预定可使用或者可销售状态之后所发生的借款费用，应当在发生时根据其发生额确认为费用，计入当期损益。

本案例中，信息中心建筑物是符合资本化条件的资产，可以最终确认为康恩公司的固定资产；为购买信息中心建筑物所发生的借款利息，在该建筑物达到可使用状态前也满足资本化计入固定资产建造成本的条件，即购楼的5 000万元资产支出已经发生、利息费用分期支付、购买活动已经开始。因此，将5 000万元借款的利息计入固定资产成本而资本化是没有异议的，有分歧的是这些利息何时停止资本化，计入当期财务费用。其原因是对固定资产是否达到可使用状态没有一致的意见。

对购建期间实际发生的利息费用进行资本化，其理论依据在于资产在建造期间并没有投入使用，不能带来收入，本着权责发生制和收入与费用配比原则，这一部分利息支出应该递延，计入固定资产购建成本；而一旦资产建造完毕并投入使用，就会带来收入，此后发生的利息支出可以计入当期损益，与相应的收入进行配比。

4. 会计信息的经济后果

企业选择不同的会计政策将产生不同的会计信息，从而影响利益相关者的利益分配格局。企业会计政策选择在形式上表现为企业的会计问题，但其本质上是各利益集团的博弈过程，会计信息具有一定的经济后果。

康恩公司5 000万元借款的利息是否应该在2012年5月开始计入当期损益，并对固定资产提取折旧，从一个角度看是会计判断问题，但是从另一个角度看，企业根据不同会计处理方法提供的会计信息将影响利益相关者的利益。会计信息的经济后果往往会增加会计政策选择的复杂性，使其成为各利益集团的博弈。

5. 企业集团的财务控制与内部审计

企业集团母公司对子公司的财务控制是从所有者角度，以产权为基础，以提高集团管理效益和实现集团总体战略为目的进行的财务管理活动。集中财务管控是企业集团根据企业战略、竞争环境和集团成员的财务关系实施的一种财务管理模式。这种管理模式不是简单地将资金纳入集中结算，而是对资金筹集、使用、控制、稽核及奖罚的全过程实行集中管理，建立起以预算和资金管理为核心的财务体系。

企业集团的内部审计是集团内部控制的重要构成内容，是监督集团成员内部控制严格执行，促进内部控制不断完善的一项制度。科学合理的组织内部审计，可以实现对内部控制的评估，判断识别潜在的经营风险、财务风险，提醒和监督经营者正确履行职务，增强风险防范意识，提高经营效率和效果。

在本案例中，中益集团对子公司实施的是集中的财务控制，由母公司决定子公司的重大投资、筹资、采购、工程建设等，并对子公司实施预算管理和绩效考核。集中的财务控制是加强现代企业集团财务管理和风险控制的重要手段，但是母公司与子公司是两个独立的法人实体，母公司需要承认和尊重子公司相对独立的法人地位及其相应的法人财产权。集团的财务事项繁多，财务关系复杂，母公司应致力于整个集团的发展战略事宜，而不能陷于烦琐的日常管理活动。在进行财务控制时，只有抓住财务运行过程中的关键点，才能既节约控制费用，又提高控制的效率和效果。

课堂计划建议

本案例可以用于专门的案例讨论课，下面是按照时间进度提供的课堂计划建议，仅供参考。

建议在"财务会计"课程介绍资产、费用两个会计要素的核算之后使用本案例。整个案例课堂讨论控制在45~60分钟。

课前计划：教师提前1~2周发放案例正文，要求学生课前阅读，按照启发思考题对案例进行初步思考。

课堂讨论前言：教师简明扼要地介绍讨论主题。（2~5分钟）

分组讨论：每组4~5人，通过讨论交流，深入理解案例企业面临的问题和会计决策困境。（15~20分钟）

引导讨论：教师可以按照教学规划设计问题，引导学生深入讨论案例企业的战略转型、信息中心的建设进程、企业与注册会计师的会计分歧等，在课堂讨论的高潮提出资产预定使用状态的判断难题，询问学生认同的判断标准，对比不同判断标准，提出实质重于形式原则、收入与费用配比原则等，促使学生深入理解会计决策遵循的原则。最后，引导学生讨论会计信息的经济后果，以及利益集团围绕会计信息可能产生的博弈。（控制在30分钟内）

讨论总结：教师对案例讨论进行归纳总结，进一步提出发散性问题，让学生课后思考。（5分钟）

主要参考文献

[1] 中华人民共和国财政部. 企业会计准则（2015）[M]. 上海：立信会计出版社，2015.

[2] 中华人民共和国财政部. 企业会计准则应用指南（2015）[M]. 上海：立信会计出版社，2015.

CHINA
MANAGEMENT CASES
中国管理案例库

信诚公司
股份收益权偿债之惑

摘要：

本案例讨论了以股份收益权偿债对于长期股权投资核算以及企业利润分配的影响。深圳信诚地产公司（以下简称"信诚公司"）遭遇财务危机，其母公司汇通集团将 20 亿股份收益权让与债权人，达成债务和解。经过两年经营，信诚公司渡过了危机并获得收益，但是困扰汇通集团和信诚公司管理层的是：剥离了股份收益权的长期股权投资该如何核算？如何在战略投资急需资金的情况下应对债权人对于公司分红的要求？

关键词：股份收益权；债务危机；长期股权投资；分红

0. 引言

2010 年清明时节，逐鹿茶楼窗外，细雨滋润着新绿的柳枝。

"菩提本无树，明镜亦非台，本来无一物，何处染尘埃。"许新看着茶杯上的字发呆。

许新是信诚公司分管财务的副总经理，喜围棋，好品茶，善融资之道。她在汇通集团财务部任职多年，多次在关键项目上被委以重任。然而，她最近比较烦。2008 年金融危机来袭，地产行业面临系统性风险，危机重重。深陷其中的信诚公司有幸得到汇通集团注巨资并购，不料刚有一丝生机，又出现了问题，欠下的巨额债务无法清偿，眼看着资金链就要断裂。如何利用有限的资金，既能清偿巨额债务，又能盘活公司业务？面对困局，许新一时没了章法。

在这节骨眼上，许新想起了茶友史老师，她是一家会计师事务所合伙人。许新一直说要请史老师喝茶，怎奈太忙拖到了现在。"你这次让我等太久了哈。"史老师的声音打破了许新的沉思。许新笑笑："最近遇到了点难事。来，先喝茶，这是上好的明前。"史老师坐下，品了一口茶："有什么难事，说来听听。"许新向史老师讲述了遇到的困境。史老师说："你欠我一次茶。饮茶人要喝的是茶沏出来的水，并非要那茶叶本身，同样，那些债务人本质上是要从你这里获得更好的收益，如果你能提供给他们比债务更多的回报，也许这些债务可以暂时放一放。"

听到这番话，许新的心情稍有舒缓，脑中有了一个新的想法。

1. 缘聚——汇通与信诚

汇通系集地产、酒店、金融、文化产业为一体的多元化投资控股集团。广州起家，始于地产，业成多元。善于寻找投资机会是汇通之所长，正是凭借在危局中灵活应变、果断出手，集团不断壮大，从单一的地产业务逐渐拓展为综合性投资，到 2013 年年底总资产超过 350 亿元。

汇通成立于 1996 年亚洲金融危机之前，大本营在广州。在当年的金融危机中，广州地产行业诸侯纷争，很多小房企纷纷落马，而汇通凭借对目标市场客户需求的深入分析以及财务评估，以"小面积，低价格，规模取胜"的战略一举脱颖而出，跃居行业前列。

2004 年起，在站稳本地市场之后，汇通下了一盘更大的棋，先后在广州、天津、重庆、沈阳、武汉、成都、南京、合肥等 20 多个城市布局。经几年努力，汇通逐渐成长为全国性房地产企业。此外，通过收购，汇通拓展了整体业务格局，进军酒店、金融、文化等产业。

信诚公司是一家大型民营地产企业，位于深圳，初创于 2000 年，经多年艰辛创业，地产开发在深圳小有名气，目前总资产超过 150 亿元。该公司以民用地产为主，在深圳、东莞等地开发楼盘面积 120 多万平方米；在施工总承包方面，具备房屋建筑施工总承包特级资质；在物业经营管理上，目前经营和管理的物业面积近 30 万平方米，除了住宅物业，还有很多位于繁华地段的商业物业，具有较丰富的酒店物业管理经验。

在地产开发、建筑施工、物业经营这三驾马车驱动下，信诚公司加速扩张，开始挺进外地市场。原本前景大好，怎奈天有不测风云。2008年全球金融危机导致需求迅速下滑，银行开始紧缩银根。信诚公司的资金一时难以周转，面临财务困境。

汇通、信诚两家看似各行其道的公司，如何会走到一起呢？这源于汇通集团的战略布局。通过对二线、三线城市的深耕，其地产业务在全国初步布局，进军一线城市成为下一步的战略重心。一线城市竞争的激烈程度是二线、三线城市难以比拟的，如何让这一步走得稳健？深圳被选为一线战略的第一步，其战略地位特殊，一旦拿下深圳，可以此为基点，辐射东莞、惠州等公司的空白区域。如何快速进军深圳市场？收购一家在当地业务成熟的房产企业成为首选之策。当汇通开始搜寻猎物时，信诚公司进入了其视野。

对于汇通来说，信诚公司的财务困境是天赐良机，如能成功收购信诚公司，将是其地产业务进军深圳的好机会。首先，信诚公司在深圳业务成熟，既有开发企业，又有施工企业，产业链完整；其次，其外地的业务与汇通地产业务也有承接性；最后，信诚公司虽陷入危机，但其物业管理板块仍然具有稳定的盈利能力，尤其是在酒店及高端物业管理方面拥有稳中有升的现金流入。

2. 困局——巨额债务怎么办

2009年冬至，阴极之至，阳气始来。在夜最长的这一天，汇通集团完成了对信诚公司的收购，注资30亿元获得了信诚公司100%的股份。汇通派出的高管团队进驻信诚公司，要做的第一件事情就是帮助信诚公司摆脱财务困境。这家原本发展良好的企业是如何陷入财务困境的呢？

2008年，随着美国次贷危机引发全球性经济衰退，中国经济在连续高速增长后进入一个下行通道。在宏观经济不景气的大环境下，房地产行业景气指数连续三个季度下降。信诚公司的房产业务都在珠三角，这里是房地产行业不景气的重灾区，房价增速下降，市民购房意愿显著降低，观望情绪浓厚。虽然信诚公司动用了打折以及买房赠装修、赠汽车、赠电器等多种促销方式，但销量持续下跌，50万平方米房产滞销，11月一套商品房都没卖出去。与售价增幅下降和销量减少相对的是，信诚公司的运营成本持续上涨，一方面是由于前些年房地产过热，购地成本飙升，另一方面是国内面临的通货膨胀压力导致建材、人工等费用大幅增加。

雪上加霜的是，前几年中国地产的火爆形势使得信诚公司管理层对未来过于乐观，在价格高位斥巨资购买了几块地，欠下了巨额债务，保守估计有20多亿元债务将到期。原来预计那几块地的项目一开盘，资金就能回笼。怎奈楼市遇冷，加上政策限制，这些土地无法开发。银行又加大了对房企的贷款限制，企业无法获得新的贷款，内忧外患之下，信诚公司四面楚歌。

汇通集团接手信诚公司时，也一并接手了它的巨额债务。虽然之前就听说有的债权人已经把信诚公司告上法庭，但入驻信诚后，许新还是被疯狂的债权人吓到。每天都会有一波人聚在信诚公司大门外，打着标语，喊着口号，要求公司还钱。保安告诉许新，这些人都是讨债公司派来的，他们受债权人委托，天天来骚扰。还有一些长期与信诚公司合作的中小供应商，老板亲自来到公司，不吵也不闹，就等在总经理和财务总监的办公室门外。也有一些情绪激动的债权人，直接去公司管理的小区、商场制造混乱，让公司没法正常运营，他们还将公司欠债不还的事情透露给媒体。公司的形象受损，公司的员工也人心惶惶。"必须尽快解决公司的债务问题！"许新暗下决心。

3. 出招——巧用股份收益权

信诚公司召开债务紧急应对会议，与会各方提出了三个偿债方案，但最终都被否决了。

方案一提出，信诚公司出现问题的根本原因是摊子铺得过大，运营管理出现了漏洞，所以建议停止非深圳本地的项目，转让给其他公司。如此一来，既可以大幅缩减运营成本，也能够获取流动资金，将这些资源集中用于本地业务，完成与集团战略布局的对接，并尽快清偿债务。

但是，这些项目都是信诚公司前期投入大量人力、物力在周边重要城市推出的精品项目，地段好、品质高，完工后对公司未来现金流会有巨大贡献。况且现在信诚公司属于汇通旗下，项目停工也会影响汇通地产业务在原有市场的品牌和声誉。

方案二是利用汇通注入的资金偿付部分债务，以稳定债权人，然后通过发行债券的方式弥补偿还债务后的流动性不足。

但是，汇通的注资大部分已支付给信诚公司原来的投资者，可用于偿债的钱寥寥无几。此外，以信诚公司目前的经营状况，无法满足债券发行的基本条件，即使可以满足，发债的钱也必须用于公司经营，要有明确的使用计划。公司可能需要 3~5 年才能喘过气来，债权人可以等吗？

方案三是转让公司近年拍到的土地使用权，盘活资金。这倒是能够立即生钱的方案，然而，且不论卖地的钱能否补偿买地的成本，这些地块投资属于信诚公司的优质资产，一旦转让不可复得，不到最后关头还是慎用此招为妙。

许新感觉大家好像走在一个迷宫里，绕来绕去，找不到出口。正所谓不识庐山真面目，只缘身在此山中。是否可以借用一下外脑？她想起了自己的茶友史老师，于是便有了开头的那一幕。

在去见史老师之前，许新一直在心里盘算着：对于信诚公司而言，经营能力和口碑摆在那里，并非无法还债，只是恰好碰到困难，一下子没法拿出那么多流动资金，等到经济环境回暖，几个新楼盘开盘，公司的资金链就能恢复正常。现在主要的问题是，如何能够让债权人同意债务延期。她之前与债权人有过好几次对话，谈到债务延期的问题，最后都不欢而散。

"饮茶人要喝的是茶沏出来的水，并非要那茶叶本身。"史老师一语点醒梦中人，许新恍然大悟："要给债权人更大的好处，他们才能答应延期还款。"那么，信诚公司究竟还有什么具有吸引力的资源能够给债权人呢？由于债务金额巨大，盘点一遍信诚公司的资产，除了那几块地，其余的实在没办法在短时间内变现偿债。但那是公司的优质资产，是家底，没了它，信诚公司在集团内部的战略地位堪忧。还有没有别的资源？这个问题一直困扰着许新。

坐在办公桌前，许新回忆刚才与史老师的聊天。突然，她想到史老师提起的一件事：有一家集团公司，一度资金周转不开，它手里控股一家商业银行，于是把对商业银行的股份收益权转让给信托公司，信托公司据此建立信托计划，融资 10 多亿元，破解了难题。既然股权的收益权可以用来融资，那么信诚公司能不能利用股权收益权来解决目前的债务问题呢？

她整理了一下思路，给信诚公司总经理陈志超发了一封邮件："关于走出目前财务困境，我有一些新想法与您交流。针对债权人的具体特点，可考虑用股权收益权抵债的方式，暂解目前的燃眉之急……"

陈志超很快回复了许新："我已经向集团李总做了汇报，李总认为该方案符合当前的情况，让我们拟一份详细的报告报上去。"

4. 过招——股份收益权方案的达成

　　许新连夜赶写了详细的报告上报集团。3 天后,陈总给许新带来了集团的批示:"方案基本可行,请与债权人沟通后逐步落实细节。"许新首先与将信诚公司告上法庭的华新建材沟通,但华新建材并不买账,他们也遇到了资金问题急需钱,另外,华新建材与信诚公司的合作时间并不长,双方一时难以达成共识。

　　许新并未放弃,走访了余下的 20 多家债权人,其中一部分是信诚公司的供应商,大多长期合作,且为上市公司,彼此知根知底;另一部分是商业银行。她了解到这些债权人目前的现金流都还算稳定,利用未来更好的收益机会说服他们同意债务延期,似乎更有可能成功。许新打算尽力争取一下。

　　在谈判桌上,许新开诚布公:"汇通之所以并购信诚公司,就是因为看重它的项目运作能力,以及在深圳、东莞的市场。汇通打算以信诚公司为基石,将业务向国内一线城市渗透。诚然,目前信诚的资金链出了点问题,但这主要是因为在宏观经济环境以及政策的影响下,新购置的几块地无法上项目。深圳这么大的城市,这么多居民,刚需摆在这儿。等到信诚获准开发那几块地,凭借它自身的运营、销售能力,以及汇通的资金实力和渠道,实现年收入 40 亿元没有问题,而这一切只需要两到三年时间。等到项目完成后,将作为汇通集团的优质资产与集团的其他优质资产一起打包上市,以更高的姿态和更雄厚的资金实力进军国内甚至国外一线城市的房地产领域。"为了打消债权人的疑虑,许新还拿出了集团的发展战略、未来 5 年发展规划和上市计划。

　　"现在,我希望大家能够再给信诚一点时间。"许新接着说道,"当然,我们也会向你们提供更为丰厚的回报。"随后,许新向债权人详细展示了偿债方案并耐心解答了大家的疑问。

　　毫无疑问,这是一次成功的演说,因为除华新建材等两三个债权人外,其余债权人基本接受了许新的建议,债务将展期 5 年偿还,年利率由平均 7％调整为 8％,汇通集团对信诚公司的 20 亿股权对应的股份收益权将让与债权人行使 5 年。如果企业盈利,债权人有权要求按持股比例进行分红,分红的金额可以冲抵债务利息。5 年后信诚公司偿还债务本息,债权人将归还 20 亿股份收益权。谈判过程中,双方在债务偿还期限上发生争执,信诚公司主张是 5 年,而多个债权人坚持认为，最多不能超过 3 年。经过几轮谈判，双方最终达成妥协，债权人同意信诚公司债务的偿还期限为 5 年，但是在此期间若信诚公司成功上市，债权人可选择将股份收益权转为股权，通过证券市场转让偿债，超过 20 亿元的转让收益全部归债权人所有。

5. 再起波澜

5.1 账务处理起分歧

冬去春回，两度雁来。两年过去，信诚公司已从困局中走出，不仅在深圳的地产项目上重现风光，在周边的惠州和东莞也屡有斩获，当年许新的一招巧用股份收益权，使得汇通集团能够盘活信诚公司的优质资产，一棋走对，满盘皆活。信诚公司 2011 年的收入就达到 37 亿元，次年突破了 40 亿元。

就在这时，为了谋划上市，汇通集团聘请了新的会计师事务所进行年报审计。在审计过程中，汇通集团对信诚公司长期股权投资的核算引起了新任审计师的关注。

汇通集团对信诚公司的 30 亿元投资，采用成本法在"长期股权投资"账户中核算，期末合并报表时再调整为权益法。对此，审计师提出了不同的意见，因为 30 亿元投资中，有 20 亿元投资对应的股份收益权已经转给了信诚公司的债权人。审计师坚持认为，从资产确认的要求看，这些投资在债务期限内不能给汇通带来现金流入，已经不符合资产的定义；从金融资产转移的界定看，20 亿股份收益权的风险和报酬已经转移，债权人既拥有 20 亿元投资的收益权，也拥有这些投资的处置权，公司一旦上市，这些股份收益权就可能变现。所以 20 亿股份收益权对应的长期股权投资已不存在，而公司仍然将其纳入长期股权投资进行核算是不恰当的。

对于审计师的意见，汇通集团也立场鲜明，在《企业会计准则》的应用方面提出了自己的观点。公司管理层强调在判断风险和报酬是否转移时，应该应用如下条款："在企业判断是否已放弃对所转移金融资产的控制时，应当注重转入方出售该金融资产的实际能力。转入方能够单独将转入的金融资产整体出售给与其不存在关联方关系的第三方，且没有额外条件对此项出售加以限制的，表明企业已放弃对该金融资产的控制。"汇通集团认为这些股份收益权的出售是存在限制的，首先，信诚公司能否成功上市还是未知数；其次，即使上市，债权转股权的过程也没有那么简单。汇通集团据此认定，公司并没有放弃对该项金融资产的控制。

与此同时，汇通集团财务部认为，以股份收益权偿债，并不影响汇通在信诚公司董事会上的表决权，汇通本质上仍然持有信诚公司 20 亿股份收益权对应的股权，所以将汇通持有的对信诚公司的共 30 亿元投资记录于长期股权投资科目下进行核算，是站得住脚的。

会计师事务所的立场丝毫没有动摇，他们认为，转让股份收益权偿债，本质上是一种企业融资行为。债务展期合同的签订，意味着 5 年内汇通集团需要向债权方支付 20 亿股权对应的红利收入，因此，汇通集团至少要确认与此相对应的金融负债。汇通集团则认为，股份收益权是从信诚公司的股权中剥离出来的，充其量是信诚公司筹资的权益工具，确认与否与汇通无关。

双方就此事多次在磋商会议上激烈交锋，却始终无法达成一致意见。由于这件事涉及调整上一年度财务报表，新任审计师致电询问了上一家会计师事务所审计项目经理的意见，得到的回答是"关于股份收益权的会计处理的考虑已经在报表中充分披露，无须进一步沟通"。

得知了沟通结果，汇通集团本以为审计师会作出让步，但是两天后收到会计师事务所的电话，被告知："这件事的处理仍然需要和事务所的主要合伙人及技术复核主管再进行商讨。"事已至此，汇通集团只能准备进一步谈判的方案。解铃还须系铃人，集团财务总监林峰给许新发了一份邮件："20 亿股份收益权是核减投资还是确认负债，请许总拿出具体建议。"

许新接到邮件，一时也没了主意。她深知调整 20 亿元的长期股权投资对于一家投资控股公司来说意味着什么，股权是集团最大的财富和资产，这动的可是企业的命根子；而确认负债意味着确认相应的费用，会影响集团的绩效。这个主意不好出啊！

5.2 收益分红引争端

一波未平，一波又起，就在审计师与汇通集团就长期股权投资的处理分歧处于胶着状态时，信诚公司的债权人找上门来了。信诚公司经营步入正轨后，去年净利润达 4 亿元，今年净利润接近 4.5 亿元。债权人拿着当年的合同，要求公司分红派现。

而此时，按照集团的战略部署，信诚公司意欲更多地向商业地产拓展。目前，公司正在竞拍深圳的一个商业地产地块，该地块位于深圳市成熟的商业区域——罗湖东门，规划面积约 10 万平方米，交通便利，既是深圳市首屈一指的公立名校区，也是著名的旅游区。据测算，该地段商铺租金将是同期商铺租金均价的两倍多。

此次公开竞拍商业地块，机会难得。如果能够取得这块地的开发权，等项目完工后，即使只收租金，每年也能获得一笔稳定的巨额收入。这将强化信诚公司在商业地产领域的地位，同时，作为汇通集团在一线城市获得的第一个里程碑式的项目，它能够为集团今后继续在一线城市开拓市场积累经验、赢得口碑。因此，集团总部希望信诚公司拿下这个项目，尽可能集中公司所能调动的一切资源抓住这个机会。这就需要与期望分红的债权人进行沟通，重任又落在了许新的肩上。

许新召集主要债权人开摸底会。看着大家，她不敢贸然说出集团的意图，委婉地开场："信诚公司这两年效益不错，集团正在筹划信诚公司上市，这次邀请大家过来，主要是想了解下大家的想法。"

宏达水泥的孙总率先开炮："许总不用跟我们兜圈子了，既然有了利润，效益不错，就该给我们按比例分红了吧。我们与信诚长期合作，当年信任信诚，愿意接受股份收益权，延迟偿债，如今信诚业务转好，也该给我们一些回报！"

丰远建材的王总附和道："我们目前的资金也不充裕，当年我们能在信诚危难的时候伸手相帮，现在信诚也该体谅我们的难处，遵守承诺，给我们分红。"

想要分红的企业纷纷应声。许新眼看形势不对，连忙请出汇通集团的财务总监林峰发言。林峰先是介绍了信诚公司在汇通集团战略板块中的定位，以及信诚公司在商业地产方面的投资计划，又仔细说明了汇通集团将信诚公司和一些优质资产打包上市的工作步骤："以我们之前的约定，信诚上市后，债权人可将股票收益权转为股权投资通过证券市场转让，按照信诚现在的收益能力和发展预期，股价不会让大家失望，转让收益可是远大于眼下这点分红啊！"

信远银行的刘副行长接话道："我很同意林总监的说法，我们看好信诚的投资价值，上市后我们的收益要比那点利息可观得多，在这个节骨眼上再帮帮信诚，也是帮我们自己。"其他几家银行的代表连连点头，有几家公司代表也跟着附和起来。

启明建材的李风说道："现在中央对地产的调控那么紧，证监会严格限制地产公司从股市融资，A股上市几乎没有可能，你们的上市计划不过是画的饼，能吃吗？"

信远银行的刘副行长笑着说："A股不行，可以考虑在H股上市嘛。"林峰赶紧点头。

丰远建材的王总说道："H股上市，发行不成功的风险有多大你们知道吗？

一旦认购数达不到发行数就是发行失败，信诚还得承担巨额发行费用，到那时连这点利润都剩不下了！"

"就算 H 股上市成功，你们能保证香港股市对信诚的估值吗？到时候股票就得烂在我们手里了，不如抓紧给我们分红吧！"宏达水泥的孙总高声说。

"朋友们，我觉得在这件事上咱们得有战略眼光，要挣钱就得敢冒风险，一开始就想着上市失败，成不了大事！"信远银行刘副行长的嗓门也大了起来。

孙总用蔑视的眼光看了看刘副行长："还是你们银行财大气粗啊，是不是信诚给了你们什么好处？实在看好信诚，你们可以接着借钱给它呀！"

刘副行长站起身："怎么说着说着就跑题了，简直不可理喻！"

孙总毫不服软："你说谁不可理喻，我倒想听听，怎么说才可以理喻？"

…………

6. 尾声

会议草草收场，许新承诺把大家的意见反馈给集团，最终给大家一个满意的答复。

回到办公室，许新平复了一下情绪，将会议情况通过电话汇报给总经理陈志超。陈总给她的回复很简单："目前这个商业地产项目对信诚很重要，请继续与债权人沟通，争取达成共识，我也会将目前的情况反馈给集团。"

放下电话，许新看着桌子上刚沏好的茶，感觉一切又回到了起点。股份收益权曾经助信诚公司摆脱财务困境，可谓一剂良方。而如今却暴露出诸多隐患，难道当年用股份收益权化解危机只是饮鸩止渴？账务处理的分歧，股份收益分红的争议，未来的股份收益权的处置，面对这一系列问题，许新又将如何应对呢？

启发思考题

1. 信诚公司遭遇的财务困境是什么？为什么汇通集团的注资不能解决债务危机？

2. 选择股份收益权偿债方案，相比其他债务解决方案来说有何好处？

3. 债权人为什么要接受股份收益权偿债方案？

4. 汇通集团应该核减对信诚公司的长期股权投资，还是确认一项新的负债？为什么？相应的金额怎样计量？

5. 假定你是信诚公司的财务负责人，面对债权人关于分红的诉求，你在协调时会考虑哪些问题，提出哪些建议？

教学目的与用途

1. 本案例主要适用于"财务会计"课程中资产与负债核算的教学，尤其适用于对于金融资产、金融负债等金融工具会计核算的教学。

2. 本案例适用对象：MBA、EMBA、MPAcc、企业培训人员，以及经济类、管理类专业的高年级本科生及研究生。

3. 股份收益权是一种金融工具，利用股份收益权融资也是一种金融创新。但是股份收益权偿债交易具有特定的风险，对于长期股权投资的核算、股东权利的行使，以及企业的财务决策都会产生影响。本案例以股份收益权偿债之后，长期股权投资核算的难题和企业分红决策的难题为重点，通过教师的引导和学生的深入讨论以达到如下教学目的：

（1）理解股东权利的内涵，了解我国相关法律关于股份收益权转让、质押、信托等交易的相关规定，确定股份收益权偿债的交易性质。

（2）识别股份收益权偿债给企业资产、负债的确认与计量带来的风险。根据股份收益权偿债的交易性质，讨论该交易是否会引起金融资产的转移并导致长期股权投资价值的减少，股份收益权偿债是否会形成一项新的金融负债，如何计量该负债。

（3）了解债务重组中债权人与债务人的利益主张，理解股份收益权偿债协议是如何帮助债权人与债务人达到利益均衡的。

（4）了解当利益格局发生变化时，投资者（拥有剥离了股份收益权的权益投资）与债权人（拥有权益投资的收益权）产生分歧的原因，以及这些分歧对于企业财务决策的影响。

理论依据与分析

本案例涉及的理论与知识点如图 1 所示。

案例分析的逻辑	理论与知识点	案例讨论的具体问题
股份收益权 交易的性质	股份收益权的"股权 权能"与"合同权利"	从法律角度讲，股份收益 权能够转让和质押吗？
股份收益权交易对资产 和负债核算的影响	金融资产转移的判断 金融负债的确认与计量	汇通集团的长期股权投资 应该核减吗？ 是否应确认金融负债？
股份收益权偿债 方案的价值	债务重组中债权人与 债务人的利益平衡	股份收益权偿债方案对信 诚公司有何价值？ 债权人为何接受股份收益 权偿债方案？
股份收益权偿债对后 续财务决策的影响	利益相关者价值最大化	如何在分红决策中协调企 业与债权人的争端？ 信诚公司还可能面临哪些 财务决策难题？

图 1　案例涉及的理论与知识点

1. 股份收益权交易的性质

股权是股东享有的权利，《公司法》第四条规定："公司股东依法享有资产收益、参与重大决策和选择管理者等权利。"资产收益权属于自益权（财产权），参与决策与选择管理者的权利属于共益权（公司管理权）。尽管《公司法》并没有定义股份收益权，但从法学的权能理论看，股份收益权涵盖了剩余财产分配请求权、按比例股利分配权、股利分配请求权等多项自益权内容，股份收益权属于股东的资产收益权。

然而，股份收益权能否脱离股权的其他权利而被独立行使，或者转让质押呢？从法理上说，以绝对所有权和静态归属为基点构建的近代财产法，日趋向相对所有权和动态行使的现代财产法转变，在此背景下股份收益权与股东享有的其他权利是可以分离的。但是，受限于大陆法系中社员权的学理，股权及其权能在根本上必须依附于股东身份。除因法定或意定事由，在一定期限内脱离股东外，不得永久性由股东外的第三方所享有，以保证公司的意思自治和管理自治。因而，在股东资格未变动的情形下，股权权能不得拆分并单独转让。股份收益权的不可转让性使得股票收益权转让以及股票收益权质押的交易合法性存在问题，在法律上无法操作。

与作为股权权能的股份收益权不同，作为合同权利的股份收益权并非股权的一部分，而是由当事人依据契约自由原则所创设的一种意定权益，其权利内容完全有赖于合同的具体约定，具有高度的灵活性。与股东享有的股份收益权不同，非股东享有的股份收益权实质上系股东向权利人所作的转付承诺，是一种合同约定的债权债务关系，不存在作为股东权能的转让与质押。

2. 金融资产的转移及长期股权投资的核算

资产是指对过去的交易或事项形成的、由企业拥有或控制的、预期会给企业带来经济利益的资源。金融资产是资产的具体类别，是指一切代表未来收益或资产合法要求权的合同权利。会计上所指金融资产通常包括库存现金、银行存款、其他货币资金、应收账款、应收票据、贷款、其他应收款、股权投资、债权投资和衍生金融工具形成的资产等。

长期股权投资是指通过投资拥有被投资单位的股权，成为被投资单位的股东，按所持有的股份比例享有权益并承担责任，并有权参与被投资企业经营决策的投资。2014年修订的《企业会计准则第2号——长期股权投资》中划定的长期股权投资是指投资方对被投资单位实施控制、重大影响的权益性投资，以及对其合营企业的权益性投资。

2006年财政部发布的《企业会计准则第23号——金融资产转移》指出，金融资产转移是指企业（转出方）将金融资产让与或交付给该金融资产发行方以外的另一方（转入方）。金融资产转移包括下列两种情形：（1）将收取金融资产现金流量的权利转移给另一方；（2）将金融资产转移给另一方，但保留收取金融资产现金流量的权利，并承担将收取的现金流量支付给最终收款方的义务。

金融资产转移准则强调，企业已将金融资产所有权上几乎所有的风险和报酬转移给转入方的，应当终止确认该金融资产；保留了金融资产所有权上几乎所有的风险和报酬的，不应当终止确认该金融资产。企业既没有转移也没有保留金融资产所有权上几乎所有的风险和报酬的，应当分情况处理：（1）放弃了对该金融资产的控制的，应当终止确认该金融资产；（2）未放弃对该金融资产的控制的，应当按照其继续涉入所转移金融资产的程度确认有关金融资产，并相应确认有关负债。继续涉入所转移金融资产的程度，是指该金融资产价值变动使企业面临的风险水平。

企业在判断是否已放弃对所转移金融资产的控制时，应当注重转入方出售该金融资产的实际能力。转入方能够单独将转入的金融资产整体出售给与其不存在关联方关系的第三方，且没有额外条件对此项出售加以限制的，表明企业已放弃对该金融资产的控制。

图2展示的是汇通集团转让股份收益权过程中与信诚公司债权人权利与义务关系的变化。应该根据该交易对于汇通集团原有长期股权投资权利与义务的影响，判断长期股权投资是否减值；根据与长期股权投资相关的风险和报酬是否转移，判断金融资产是否部分或全部转移到债权人手中；根据金融负债的定义，判断汇通集团是否产生了一项新的负债。

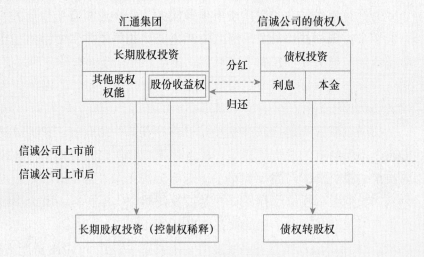

图2　股份收益权偿债对长期股权投资的影响

3. 金融负债的确认与计量

根据财政部2006年发布的《企业会计准则》，负债是指企业过去的交易或者事项形成的、预期会导致经济利益流出企业的现时义务。负债的确认应当同时满足以下两个条件：（1）与该义务有关的经济利益很可能流出企业；（2）未来流出的经济利益的金额能够可靠地计量。

2014年3月财政部发布的《金融负债与权益工具的区分及相关会计处理规定》进一步指出，金融负债是指企业符合下列条件之一的负债：（1）向其他方交付现金或其他金融资产的合同义务；（2）在潜在不利条件下，与其他方交换金融资产或金融负债的合同义务；（3）将来须用或可用企业自身权益工具进行结算的非衍生工具合同，且企业根据该合同将交付可变数量的自身权益工具；（4）将来须用或可用企业自身权益工具进行结算的衍生工具合同，但以固定数量的自身权益工具交换固定金额的现金或其他金融资产的衍生工具合同除外。

如果企业不能无条件地避免以交付现金或其他金融资产来履行一项合同义务，则该合同义务符合金融负债的定义。然而，如果企业履行合同义务所需流出的经济利益带有不确定性，债权人拥有的权益则是附或有结算条款的金融工具。或有结算条款，指是否通过交付现金或其他金融资产进行结算，或者是否以其他导致该金融工具成为金融负债的方式结算，需要由发行方和持有方均不能控制的未来不确定事项的发生或不发生来确定的条款。

对于附或有结算条款的金融工具能否确认为金融负债，《金融负债与权益工具的区分及相关会计处理规定》指出，除非"要求以现金、其他金融资产或以其他导致该工具成为金融负债的方式进行结算的或有结算条款几乎不具有可能性，即相关情形极端罕见、显著异常或几乎不可能发生"，对于附或有结算条款的金融工具，发行方应将其归类为金融负债。

确认负债，在考虑经济利益流出企业的同时，对于未来流出的经济利益的金额应当能够可靠计量。企业确认金融负债的难点可能在于股份收益权负债的金额难以准确计量。

4. 债务重组及股份收益权偿债方案的价值

债务重组又称债务重整，是指在债务人发生财务困难的情况下，债权人按照其与债务人达成的协议或者法院的裁定作出让步的事项。事实上，只要债权人同意修改原定债务偿还条件的，确定的债务偿还条件不同于原协议的，均作为债务重组。

债务重组有以资产清偿债务、债务转为资本、修改其他债务条件（包括延长还款期限、减少债务本金、降低利率、免去应付未付的利息等）三种主要方式，以及采用以上三种方式共同清偿债务的形式。从本质上讲，债务重组是一项法律活动，它是旨在通过一定的方式改变债权人与债务人之间原有债权债务合同关系的过程。例如，以资产清偿方式进行的重组，是债权人与目标公司变更债权债务合同并依约履行的行为；以债权转股权方式进行的重组，将债权人与目标公司之间的债权债务合同关系转变为股权投资关系；以修改债务条件方式进行的重组，则是对债权人与目标公司原有合同项下权利义务的变更。

债权人与目标公司债务重组这一缔约过程的核心是双方重新进行的债权债务确认,该确认本身就体现着新的法律关系的产生。这一过程应该贯彻、体现法律对缔约过程所要求的平等、自愿、互利等原则,以均衡双方当事人的利益。由于债务重组本身意味着债权人作出了让步,遭受一定的利益损失,这就更需要人们关注如何在这一缔约过程中实现利益均衡。不同的债务重组方案带给不同债权人的价值补偿见图3。

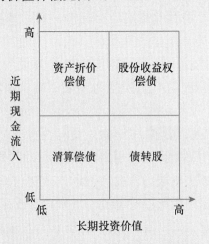

图 3　四种偿债方式对债权人利益的补偿

　　如图3所示,有四种情形:(1)如果实施破产清算,对于债权人来说,不仅会丧失长期投资机会,而且会因繁杂的破产清算法律程序以及信诚公司资产变现困难,得到的现金补偿很低。因而,不论是对现金流入需求高的债权人,还是有长期投资需求的债权人,都不会主动选择这个方案。(2)如果修改其他债务条件,减少债务本金、降低利率、免去应付未付的利息,以低于债务的账面价值的现金清偿债务,债权人可能在近期和今后一段时期得到现金补偿,但是将无缘债务重组后信诚公司投资价值上升带来的利益,这将违背看重长期投资价值的债权人的意愿。(3)如果实施债转股,能够满足具有长期投资意向的债权人的需求,但是打算尽快收回债权资金的债权人的希望将落空。(4)债务延期,适当提高债务利息,在还款之前将20亿股份收益权让与债权人。对于希望尽快收回债务,有现金流需求的债权人来说,稳定的现金红利回报具有吸引力;对于希望债转股的债权人来说,长期持有或者在证券市场上变现能获得更大的回报。

　　5. 股份收益权偿债对企业财务决策的影响

　　20世纪60年代以来,企业理论价值取向的研究领域中逐步分化出两大理论：股东至上理论和利益相关者理论。前者建立在资本雇佣劳动的逻辑之上，后者认为任何一家公司的发展都离不开各种利益相关者的投入或参与，包括股东、债权人、雇员、消费者、供应商等，企业不仅要为股东利益服务，而且要保护其他利益相关者的利益。

从理论上说，股权是公司赋予股东的权利，无论适用范围还是自由度都大大弱于原先的资本所有权。这意味着股权的运用受其他利益相关者的制约，所以股东对公司的绝对权威是不存在的。公司的法人财产是由出资者投资形成的物质资本、雇员投入的人力资本、债权人的债权，以及公司营运过程中的资产增值共同组成的，公司凭借法人财产获得相对独立的法人财产权，由此得以成为人格化的永续的独立法人实体。显然，公司行为的物质基础是作为整体的法人财产，而不是整体一部分的股东的财产，其权利基础是作为整体的法人财产权，而不仅仅是股权。

从利益相关者理论出发，企业在筹资、投资和利润分配等财务决策中，不仅要考虑股东价值最大化的原则，还要考虑其他利益相关者的利益均衡。这种考虑有的已经显性存在于相关契约中，比如债务契约中对于股利和股份收买的限制、对外投资的限制、企业资产处置的限制、重新举债的限制等。有的则隐性存在于企业契约内涵中。因此，现代企业财务决策必须考虑利益相关者的利益平衡。

股份收益权偿债方案的实施，从股权权能行使的角度看并不会影响对被投资企业财务决策的控制，但是股份收益权偿债契约已经赋予债权人参与分红决策的合同权利，不仅如此，被投资企业上市之后，债权人还会拥有债转股的权利，届时控股投资方必然面临控制权的稀释。因此，股份收益权偿债虽然解决了企业的债务危机，但是最终可能影响投资企业对被投资企业的控制，以及被投资方未来的财务决策。

课堂计划建议

本案例可以用于专门的案例讨论课，下面是按照时间进度提供的课堂计划建议，仅供参考。

建议在"财务会计"课程介绍资产和负债会计要素的确认、计量和披露，特别是金融工具会计核算之后使用本案例。整个案例课堂讨论控制在 80～90 分钟。

课前计划：教师提前1～2周发放案例正文，要求学生课前阅读，按照启发思考题对案例进行初步思考。

课堂讨论前言：教师简明扼要地介绍讨论主题。（2～5分钟）

分组讨论：每组4～5人，通过讨论交流，深入理解股份收益权偿债的过程和案例企业面临的决策困境。（20～25分钟）

引导讨论：教师可以按照教学规划设计问题，引导学生深入讨论案例企业面临的财务危机、股份收益权偿债方案的价值、资产和负债确认的基本要求等，在课堂讨论的高潮提出案例企业长期股权投资的核算难题，询问学生的解决方案及依据，促使学生真正掌握资产和负债确认和计量的原则。最后，引导学生讨论案例企业的分红问题，使学生理解股份收益权这一新型金融工具的使用对企业财务决策的影响。（控制在55分钟内）

讨论总结：教师对案例讨论进行归纳总结，进一步提出发散性问题，让学生课后思考。（5分钟）

主要参考文献

[1] 吴翌均. 论股权的性质 [J]. 法学研究，2013 (8).

[2] 许可. "股份收益权" 的谜思和破解 [J]. 上海金融，2013 (6).

[3] 王常柏. 国有股权管理新思路——股东权与决策权的分离 [J]. 商业研究，2002 (5).

[4] 杨勇，张永岳. 公司治理：利益创造、股权结构和运行机制研究 [M]. 北京：清华大学出版社，2012.

[5] 王俊韡，徐向艺. 资本结构与利益相关者控制权研究 [J]. 开发研究，2008 (1).

华威集团
海外分公司的巨额亏损

摘要：

本案例以华威集团的一家境外施工分公司——哈萨克斯坦分公司的巨额亏损为背景，描述了集团公司经营管理部经理张华和助理小王对该分公司采购与仓储业务管理进行调查的全过程。目前困扰张经理与助理小王的三个问题是：(1) 为什么该分公司会出现大额亏损？(2) 该分公司的存货管理流程在哪些环节出了问题？(3) 如何才能完善该分公司的存货管理制度？

关键词：境外施工企业；存货采购管理；验收与仓储管理

0. 引言

12月的北京，天色灰蒙蒙的，空气干燥而寒冷，坐落在建国门外大街的华威集团总部大楼，即使过了下班时间依然是灯火通明，许多员工还在加班。18层集团总裁万总的办公室里，经营管理部经理张华、审计部经理李汉山被临时通知过来开会。办公桌前的万总一脸凝重，告诉他们哈萨克斯坦分公司今年预期巨额亏损，将严重影响集团公司今年的整体业绩，希望他们立即组成工作组，由经营管理部牵头，联合审计部到现场调查亏损原因。华威集团一直是国内施工行业的领头羊，连年业绩超过同行业其他公司，集团上下都以此为豪。近几年集团公司抓住了国家加大固定资产投资带动经济发展的政策机遇，各分公司的业务和业绩都有了跨越式增长，但没想到今年哈萨克斯坦分公司巨额亏损，将使整个集团的业绩下降20％，并严重影响下一年度集团经营目标的实现。万总要求张华带队，尽快查出该分公司的亏损原因，并提出改进经营管理的意见。

1. 相关背景

随着国内施工行业竞争加剧以及国际市场的开拓，近年来国内很多施工企业争相实施国际化经营战略，希望在更大范围、更广领域、更高层次上参与国际市场的合作与竞争。这些施工企业不仅面临机遇，同时也面临与众多的跨国公司竞争的巨大挑战。

华威集团是施工企业中的佼佼者，尽管同业竞争十分激烈，但它的业绩一直处于领先地位。几年前集团为了适应市场的快速变化，顺应国际化发展的潮流，分别在境外三个地方设立了施工公司，主要承接建筑、公路等工程施工业务。

境外施工公司在业务开展和经营管理的许多方面都与国内公司存在差异，主要是施工资源组织难度大、周期长，无论是设备、材料还是人员的组织都远不如国内采购和调度方便。一些国家虽然资源十分丰富，但生产资料和施工设备非常匮乏，因此境外施工时所需的设备和材料大部分需要进口，这给境外施工公司的管理带来了特殊的问题和困难。

在华威集团旗下的三个境外施工公司中，哈萨克斯坦分公司是规模最大但业绩最差的一个。刚成立的五年中，该公司的利润远低于同行业其他境外施工企业，也明显低于华威集团的其他两个境外施工公司。集团管理层认为原因可能是该公司成立时间不长，员工还没有适应境外运营的新模式，管理制度还有待完善，因而也没太放在心上。然而今年年底，哈萨克斯坦分公司的财务快报让万总大吃一惊，该公司第四季度预计亏损2 800万元，全年预计亏损4 000万元！这个数字足以使整个企业集团的业绩下降20％。哈萨克斯坦分公司之前还能够维持小额利润，怎么今年就变成了巨额亏损？万总觉得这个公司的问题已经十分严重，必须立刻着手调查，看看为什么比起其他两个同时成立的公司，这个公司的业绩远远落后，而且逐年下降，今年还发生巨额亏损。

2. 调查经过

经营管理部经理张华是华威集团的管理中坚，从基层公司一步步提拔到总部，有非常丰富的基层管理经验。张华做事果断，雷厉风行。为了不辱使命，查清楚亏损原因，他立即主持召开经营管理部和审计部联席会议，成立了调查小组，并亲自飞到了哈萨克斯坦。

在哈萨克斯坦分公司的经营分析会上，财务主管李红首先发言。她说今年公司之所以产生这么大的亏损，从账面来看主要有三个方面的原因：一是材料采购成本上升和设备折旧成本超过预算，影响本年利润 1 800 万元；二是累计的存货盘亏损失；三是年底确认的存货减值损失。两项损失接近 2 000 万元，因此导致了严重亏损。随后发言的采购部门主管说，材料采购成本和设备采购成本上升都是不可预料的市场价格上涨造成的，他还拿出了部分材料和设备今年同比上涨和环比上涨的价格数据。当张华问起存货盘亏和减值为什么有如此大的金额时，李红解释说，这 2 000 万元的亏损并不是本年一年的损失，而是公司成立五年来历年挂账的存货损失全部摊进了本年利润表。前几年，公司存货管理制度不太健全，每年没有进行全面盘点，只是核对了公司的重点原材料，也没有详细记录相关资料。但是今年年底进行了一次全面盘点，结果发现本年存货盘亏的大额损失，加上前几年没有确认的损失，总共达到 2 000 万元。李红还提供了存货计价、盘点的一些凭据。

至于存货管理中存在的问题，该分公司主管采购和仓储的副经理进一步解释说，分公司成立之初缺少人手，雇用了当地工人施工，还雇用了一些当地人进行材料运输和保管。当地与国内有很大差异，工人都采用日薪制，而且人员流动性特别大，造成存货管理的疏漏。公司现在已经意识到上述问题，准备在存货管理（包括收货、发货、保管）岗位上都聘用本国人员。

尽管得到了上述解释，有多年施工企业基层工作经验、身经百战的张华暗暗思量，问题肯定不会这么简单，4 000 万元不是一个小数目，大大超过同行业海外施工企业的亏损水平。该公司采购和仓储环节的管理一定存在重大问题，也可能是一系列漏洞。如果不彻底清查，这些漏洞还会继续影响公司的存货管理，并造成损失。

会议结束后，张华召集助手小王和集团审计部一同前来调查的小周，询问她们听完刚才的汇报后有什么看法和意见。小王刚从某著名大学 MBA 毕业，没有什么实际工作经验，但基础知识扎实，反应敏捷。她记起了一些在学校时学到的会计和审计学的知识，想了想，认为财务数据反映出来的亏损可能只是公司管理不健全的一种体现，公司存货内部控制方面可能存在重大的漏洞。但是问题具体出在哪里，她也说不清楚。张华认为她的想法很好，当天晚上便制定了调查方案，要求小王和小周实施进一步的调查，四天后由小王整理汇报调查结果并提出解决方案。

小王刚进入公司就负责这么重要的一项任务，觉得身上的担子很重，但她十分珍惜这次机会。当晚，她查看了公司的存货业务流程图，决定按照存货采购、入库、验收、领料、保管、盘点的流程，一步一步进行调查。

2.1　采购预算与采购申请

第二天一大早小王就起床了，决定先去材料及设备申领部门查看一下情况。按照管理流程，材料和设备都是先由需求部门申请，再由采购部门采购的。小王想着业务流程源头在此，一定能找到些头绪和线索。

小王和小周来到施工部门，首先请施工队长提供每一年的采购预算表以及每次采购的申报表。施工队长一听便有些支支吾吾，从办公桌下拿出了采购预算表和申报表。小王看后十分惊讶，这个公司采购申报有的时候半年才有一次，有的时候每隔几天就有一次，而且表中实际申报的材料和设备跟年初预算表上的完全不同，种类、数量和价格都相差很大。

施工队长解释后小王才明白，原来公司各个工程队的管理人手都不够，施工队长要负责人员安排、施工进度、工程质量和安全等一大堆事，采购预算表是应总部和分公司的要求填列的，填写时根本就没有仔细考虑当年的材料和设备需求，一般是大概估计个数，公司管理部门也没有认真核对编报的预算。所以到了真正需要采购材料和设备时，大部分都变成了临时采购。临走时，施工队长私下对小王说："像我们这种境外施工公司一般承建的都是大型项目，好多设备都是专用设备，生产周期长。供应商本来就少，市场相对垄断。由于我们大部分是临时采购，十分紧急，为了赶上工期，我们很少跟供应商讨价还价，因此设备的成本就增加了。"

小王边走边想，一个大型施工单位既然经常采购专用设备和大宗施工材料，应该有一定市场议价能力和相对固定的供应商，为什么采购价格与正常市场价格相差这么大。她和小周决定立刻去采购部门一探究竟。

来到采购部门，小王请采购部主管把供应商管理制度和现有的长期供应商资料拿来看看。采购部主管说，按照集团的要求，哈萨克斯坦分公司早就制定了供应商管理制度，但现在公司还没建立供应商档案，主要原因是公司刚建立不久，还没来得及跟供应商建立长期关系。小王翻了翻他们提供的采购明细，发现从初建公司到现在每次采购的供应商都不同，而且同种物品的价格也相差很大。小王想起了之前施工队长提出的紧急采购的问题，便问主管现在实行的采购申请制度是怎样的。主管说，公司规定材料当地采购是两个月提交一次申请，国外采购是半年提交一次申请，设备采购必须按照工程进度和预算在每年年初提出申请。

当天晚上，小王将白天收集的信息做了整理，发现调查的第一天，仅采购申报环节就有这么多可疑之处，看来公司的问题还真不小。不知道与存货相关的其他业务是如何进行的，是否也问题百出。而且今天去采购部的时候总觉得那个采购员有些战战兢兢，不知道他是不是有其他什么问题。这些疑问引起了小王的兴趣，她决定明天继续调查。

2.2　存货采购和验收

第二天，小王和小周又早早地来到采购部门继续前一天的工作。小王请小周仔细核查了请购、采购和验收入库的各类凭单和账簿，想看一看在采购和验收环节是否存在问题。

在核查过程中，她们发现公司境外采购的设备和材料都附有完整的海关验收签单，但是有多笔材料入库的数量或者价值少于海关验收单上的数量或者价值，这样便产生了多笔材料采购损失，有一笔甚至高达200万元。对此小王感到很诧异，什么原因致使材料从海关运到仓库发生损失呢？

带着这样的疑问，小王找到了采购部的一名采购员，想看看从他那里能否问出答案。这一天正好有一批材料入关需要验收，小王当即决定跟随这个采购员一起去验收。

去港口的时候小王就觉得奇怪，正常验收货物时应该有申购部门的人员跟随验收，为什么只有一个采购员去呢？他们到达港口后，采购员就和海关人员在一旁说悄悄话。不一会，海关人员就说不用开箱检验了，点完数就可以直接提走。小王觉得很奇怪，为什么不抽检货物就放行呢？在小王的再三询问之下，采购员才透露了事实真相。

原来哈萨克斯坦的日常生活用品以及洗衣机、空调和电视等电器都比较昂贵，也有很多在外工作人员吃不惯这里的食物，公司的一些人伙同采购员在回国采购时夹带一些国内物品过关。采购员在频繁的采购入关过程中用小恩小惠拉拢海关人员，让他们在入关验货时睁一只眼闭一只眼，只是清点货箱的基本数量，偶尔做些表面文章开箱抽查验货，然后马马虎虎地在海关清单上签字。生活用品成功地偷运到工地了，但是如果货物有短缺和毁损就无法在海关验收单上反映出来。货物运送到仓库后，验收入库时发现短缺和毁损，就会由于缺少海关验收环节货物缺失毁损的证据，没办法说清楚这部分损失的存货究竟是入关前由供货方造成的还是入关后运输过程中造成的，不能及时将清关数量不符、装箱批次不对的情况反映给供应商，因此在和银行结算的时候不能出示供应商违反合同的证明，也就不能向供应商索赔，只能自担损失。小王详细地记录下采购员说明的情况，一起回到了公司。

午饭时，小王心想，清关环节出现这么大的问题，足以说明公司采购和仓储的内部控制形同虚设，验收环节也可能存在漏洞。于是，她饭后又来到了物料验收科了解情况。在小王说明来意后，验收员就满肚子苦水开始往外倒。他们抱怨说，每次到货的时候都找不到相应的订货单，验收都无从做起。

原来采购部门把订货单发给供应商后就撒手不管了。仓储验收部门总是被遗忘，不仅收不到订货单以存档备用，还每次都等到货物快到时才被通知验收，时间紧迫，又不能根据采购部门提供的订货单对入库设备进行核对，也没有申购部门的工作人员在场协助，只能手忙脚乱地验收，结果总是出现采购单、海关验收单与实物不符的情况，也无法查明货物缺失究竟是谁的责任。

从验收部门出来，小王浑身充满了无力感，仅仅是境外采购和验收就像一团乱麻，后面的问题不知道还有多少，要在几天之内查清真是个力气活儿。她决定明天再去材料仓库看看。

2.3　盘点与存货损失确认

调查的第三天，审计部的小周提醒小王，企业在年底应该对现有的存货和设备进行盘点。因此，如果要调查存货管理情况，不仅要查看材料仓库，还应该到财务部门找到各年的盘点对照单和情况说明。于是小王找来对照单，并到财务部门找到现有的存货明细账进行分析。

在查看往年的盘点对照单时小王发现，正如公司财务主管李红所言，除了今年年底之外，公司往年没有进行全面盘点，只抽检了重要物料。但是每年盘点资料上都有盘亏记录，这么大的公司，怎么会每年都盘亏这么多的存货呢？难道真像公司主管采购和仓储的副经理说的，仅仅是因为雇用了当地员工管理仓库吗？带着疑问，小王和小周来到了仓库，决定亲自进行材料的抽点。仓库保管员是一个四川小伙子，他告诉她们，从去年初起公司就不用当地人保管和运输物料了。小周在仓库保管员的陪同下入库，随意清点了一类材料，但在仓库实物账上怎么也找不到。小王询问保管员，证实这种情况经常发生。

仓库保管员还告诉小王，境外施工公司大部分的设备和存货都是从国外进口，而公司在请购、采购、存货管理中还没有来得及建立物料中英文名称翻译的统一标准，这就导致在领料和盘点时，大量货物的名称不对应，有时明明是存在的货物，在查找时却找不到。小周询问保管员盘点的程序一般是怎样的，保管员说，每次都由盘点人员从账面抽查一部分存货，再到仓库看看到底有没有这些实物，品种、数量和质量对不对得上。小周接着问他，盘点组有没有到仓库先抽查实物，再看看账上有没有啊？仓库保管员想了想，摇摇头说好像没这么做过。

3. 尾声

经过三天的艰苦工作，小王和小周走访了好几个部门，做了十几页的调查记录，也了解到这个公司存货管理的真实情况。已经是深夜了，小王面对从各部门搜集的信息，有些找不到头绪。这个公司采购与仓储业务存在的问题很多也很零散，到底该如何整理思路，找出主要问题并提出相应的解决方案，向张经理递交一份合格的调查报告呢？只剩下一天就要汇报了，小王按捺住焦虑的心情，决定好好想一想。

启发思考题

1. 华威集团哈萨克斯坦分公司巨额亏损的真正原因是什么？
2. 哈萨克斯坦分公司的采购与仓储业务管理存在哪些漏洞？
3. 采购与仓储业务管理包括哪些内容？各具体业务的管理目标是什么？如果你是小王，会提出什么改进该分公司存货管理的具体建议？
4. 如果你是该分公司的财务人员，当发现确认的存货盘亏损失存在错误时，应该如何进行调整？

教学目的与用途

1. 本案例主要适用于"财务会计""内部控制与风险管理""审计学"等课程教学。

2. 本案例适用对象：MBA、EMBA、企业培训人员，以及经济类、管理类专业的高年级本科生及研究生。

3. 通过教师的引导和学生对案例企业亏损的深层原因的深入讨论，以实现如下教学目的：

(1) 启发学生以财务数据为信息来源，深入思考财务数据所揭示的企业盈利和亏损的真正原因。

(2) 帮助学生了解存货管理的风险，认识同采购与仓储相关的内部控制的基本要求。

(3) 引导学生寻找采购与仓储业务中存在的管理漏洞，并提出完善采购与仓储业务内部控制的具体方案。

理论依据与分析

本案例分析的理论依据包括存货会计核算的基础要求，以及同采购与存货管理相关的企业内部控制要求。具体见：《企业会计准则第1号——存货》《企业会计准则第8号——资产减值》《企业内部控制应用指引第7号——采购业务》《企业内部控制应用指引第8号——资产管理》。

从本案例中我们可以看出，企业会计信息显示的巨额亏损，不仅反映了该分公司的经营业绩，更能体现出该企业的存货管理状况。

1. 企业巨额亏损表面上源于存货期末计价问题和原材料、设备市场价格上涨，深层原因源于企业内部控制失效，包括采购与仓储的各个环节内部控制失效。

2. 在存货的预算管理和请购阶段，完善的管理流程应该是：编制采购预算、建立供应商档案、请购商品和劳务、请购审批。主要的控制活动如下：

（1）根据企业经营目标和财务预算目标，采用自上而下和自下而上相结合，以及分级编制、逐级汇总的方式，编制采购预算；采购预算须经企业预算委员会审批方能逐级下达并执行。部门负责人在预算授权范围内审批采购业务，预算外采购必须严格控制，经过例外授权才能实施采购。

（2）建立供应商清单和供应商档案，搭建供应商信息交流平台，建立和完善供应商评级和供应商激励制度。对于大型专用设备供应商，建立风险共担机制。

（3）仓库或者存货的其他需求部门在申请采购时，必须填写请购单，经采购预算的授权主管人员签字后方可完成请购；预算外请购必须经过特殊授权审批，方能完成请购。

华威集团哈萨克斯坦分公司在这一阶段内部控制的主要问题在于：

（1）公司从未编制采购预算，或未按照预算执行采购，即采购多为临时性的。这样的做法不仅降低了效率，而且从侧面反映出公司内部控制制度的不健全。同时，临时采购的发生使供应商的讨价能力增强，也造成采购成本非必要的增加。而这一成本原本是可以通过制定采购计划、执行日常审批程序避免的。

（2）公司缺少对供应商的管理制度。由于公司所需设备的供应商较少，价格又经常受国际市场影响，与供应商建立长期合作关系，签订能够规避价格波动影响的合同，将减小这些不利因素对公司采购的负面影响。但供应商管理制度的缺失造成公司的采购活动受到了上述因素的影响极大，使得采购成本非必要的增加。

（3）公司采购申请周期过长，不符合生产实际，也使得紧急采购的频率提高，造成设备价格上扬，增加了采购环节的风险。

3. 在存货采购及验收阶段，完善的管理流程应该是：

（1）采购部门在收到请购单之后，只能对经过批准的请购单发出订购单；对于大额、重要的采购项目，应采取竞价的方式确定供应商。

（2）订购单必须一式多联、连续编号，送交供应商、验收部门、财务部门和请购部门。

（3）验收部门在收到商品之后，应该比较所收商品与订购单上的品名、数量、规格等要求是否相符，再检查商品有无损坏。

（4）验收后，编制一式多联、连续编号的验收单，作为验收商品的依据。验收单应该传递至会计部门、采购部门和仓库。

案例企业主要存在以下几方面的问题：

（1）在海关清关时，仅由海关、采购部门一起对货物进行检查，无法准确发现货物的缺失和不合规格等情况。在没有申购部门在场的情况下，参与检查的人员对货物的具体特性并不熟悉，即使货物发生丢失或存在不合规格的情况也不能准确分辨。

（2）为了满足自己的需求，采购员、海关部门往往只进行非正常清关，即只点箱，不开箱。这样做的结果是海关清关报告为全部到货，且与合同相符，但是无法取得海关商检质量合格证及数量、名称真实的清关单。在这种情况下，即使企业在货物入库时发现与合同要求不符，也会因为证据不充分无法向供应商索赔，从而丧失了第一次索赔的机会。

（3）物资出关运达企业开箱验收入库时，本应该按照实际数量记入库存账。由于清关环节中存在问题，所记录的入库存货与合同、清关单记载的货物存在差异，但差异形成的时间、地点、原因已无法确定，责任也无法划分。而财务部门是按照清关单将存货入账，又造成了账实不符的情况。由于开箱验货时没有供应商在场，企业无法取得当场查验的验货单，导致第二次索赔机会的丧失。

4. 在存货日常管理中，企业应该对存货的收发实施授权管理，对存货的收发结存进行记录；采取实物控制措施，使用适当的存储设施，避免意外毁损、盗窃或者破坏；企业应该定期进行存货盘点，确保存货结存的账实相符。

案例企业存货日常管理的问题主要表现在以下几方面：

（1）货物的库存记录不准确。库存货物的名称、价值均无法与账面记录相对应，甚至无法确定所记录货物的存在和真实价值。采购的料件缺乏统一的名称标准，难以准确归类划分，无法核对。该公司大部分的设备从国外进口，而公司在请购、采购、存货管理中却缺乏设备中英文名称翻译的统一标准。这就导致存货盘点时大量货物的名称不对应，不仅造成存货的盘亏，而且无法确定损失的具体设备和损失金额。另外，存货名称翻译的不标准也造成了通关文件名称和物资实际名称归类不一致的情况。物资清关前，清单要提交清关公司，清关公司再根据法律提出哪些物资不能通关，哪些物资需要调整翻译名称或物资归类才可以低税通关。该公司对通关货物的名称和分类没有建立统一的标准，给通关工作带来了很大的困难。再加上部分物资的装箱单无英文版，或翻译名称不准确，极大地影响了正常的清关工作。货物名称翻译得不够标准，分类不够准确，主要是由于该公司不能及时掌握有关的海关清关资料和关税文件，没有准确掌握申请采购的物资是否存在不符合政策的情况，也未能建立与公司经营有关的进口物资翻译标准数据库。

（2）公司没有建立跟踪订单的存货动态管理制度。动态管理的不完善，使得仓储部门和申购部门缺少在途存货的相应记录，这往往导致申购部门重复上报采购计划，仓储部门验收入库时不能核对真实数目。该公司没有根据生产需要确定库存量，没有定期检查所需货物的库存量能否支持生产需要，这就导致存货数量低于生产所需数量时企业紧急采购的发生。

（3）公司的存货盘点不规范。盘点时没有实施双向盘点，仅仅从账面记录盘点到实物，由于账面存货的名称、数量与实物本身没有一一对应，单项盘点会高估存货的损失。除此之外，该公司并没有按照规定每年对存货全面盘点，造成盘点结果的不准确，以及盘点差异的处理不及时。

课堂计划建议

本案例可以用于专门的案例讨论课，下面是按照时间进度提供的课堂计划建议，仅供参考。整个案例课堂讨论控制在 80～90 分钟。

课前计划：教师提前 1～2 周发放案例正文，要求学生课前阅读，按照启发思考题对案例进行初步思考。

课堂讨论前言：教师简明扼要地介绍讨论主题。（2～5 分钟）

分组讨论：每组 4～5 人，通过讨论交流，深入理解案例企业面临的问题，并讨论解决之道。（20～25 分钟）

引导讨论：教师可以按照教学规划设计问题，引导学生分析案例企业的特性、中国海外工程施工公司的发展状况和竞争优劣势、案例企业亏损的表面原因及背后可能存在的问题等，在课堂讨论的主体阶段询问学生与存货相关的管理环节包括哪些具体内容、每一个环节的管理要求和内部控制的具体手段。引导学生分析案例企业与存货相关的每一个环节的管理缺陷，提出改善管理的具体手段。（控制在 55 分钟内）

总结：教师对案例讨论进行归纳总结，简单阐述相关理论要点，并进一步提出发散性问题，让学生课后思考。（5 分钟）

主要参考文献

[1] 王生根. 企业内部控制基本规范及配套指引解读 [M]. 北京：北京大学出版社，2010：63-69.

[2] 企业存货管理编写组. 企业存货管理 [M]. 北京：企业管理出版社，2014：77-89.

CHINA
MANAGEMENT CASES
中国管理案例库

名股实债：
景春集团信托融资的困局

摘要：

本案例讨论了"名股实债"信托融资方式对金融资产核算及财务决策的影响。景春控股集团有限公司（以下简称"景春集团"）在多元化和旅游地产开发的战略转型中深陷资金困境，最终通过子公司获得信托融资。融资合同约定景春集团转让子公司 90％的股份作为质押，并成为债权企业的劣后级合伙人。顺利渡过资金难关之后，困扰景春集团管理层的是：名股实债的融资安排对长期股权投资的核算有何影响？劣后级合伙人投资是否应确认？在获得更低资金成本的融资之后，如何赎回子公司股权并顺利退出信托融资？

关键词： 信托融资；股权质押；长期股权投资；财务决策

0. 引言

2012 年 7 月的一天，北京朝阳区工体东路景春集团办公楼的 9 层会议室内，月度财务例会正在进行。集团主管财务的副总李静红、各项目公司财务负责人及集团本部财务人员全部参加了会议。自成立伊始，集团财务部一直实行人员垂直管理，资金集中管控。在参会人员汇报完项目上月预算执行及下月资金计划后，李静红眉头紧锁，三河项目面临巨大的资金缺口，而工行燕郊支行的开发贷款将于年底到期；景春谷项目处于持续投入阶段，每月均须有上千万元的资金投入。

集团自 2008 年起开发河北燕郊住宅项目，陆续完成了景春新东城、景春湾两个项目。因燕郊处于京津冀一体化（环渤海区域）核心地带，距离天安门仅 30 公里，在优越的地理位置、相对较低的价格、越来越便利的交通等因素的驱动下，很多在北京工作的外地人都选择在燕郊买房，燕郊即将纳入北京"新七环"的设想更是让房价持续上涨。这两个项目已基本售罄；2012 年开盘的三河项目正在开发过程中，进程不能有半点耽搁；景春谷度假区项目是集团战略转型、由住宅地产开发转向旅游地产开发的关键项目，至 2011 年年底已累计投资近 5 亿元，除滑雪场外，酒店、滑冰馆都处于建设阶段，尚需要投入大量的资金。

会议结束后李静红回到办公室，打开每月需上报董事局的资金计划表，神色凝重。以前财务部的工作重心在资金调控、成本管理及财务分析，但在集团相继投资景春谷度假区及吉南铁矿后，确保资金不出现短缺而影响各项目进度成为财务部的头等大事。

1. 背景

景春控股集团有限公司成立于 1998 年，是集地产、药业、资源于一体的多元化投资控股集团。公司始于地产业务，所开发的项目多次荣获"明星楼盘奖""全国优秀住宅社区环境金奖"等，因项目质量高、容积率低、绿化率高等在业界享有良好口碑。2002 年公司开始涉猎生物医药、资源矿业等行业，向多元化控股集团转变，主要项目按照独立法人实体的子公司形式运作。旗下医药板块的北京绿林药业股份有限公司入选中国药业百强榜，拥有自己的药物研究所、GMP 生产药厂、全国 29 个省市的销售网络，总资产规模从2 800 多万元增至 6.38 亿元。资源板块更是异军突起，2004 年及 2005 年购入的新疆阿艾煤矿、新疆萨日金矿均取得了较好的转让收益。集团目前拥有吉南铁矿、大鑫金矿、钒矿等矿产资源，其中吉南铁矿预测资源量达 50 亿吨以上。地产开发、生物医药及资源三大板块并驾齐驱，2014 年末集团资产规模近百亿元。

由于传统地产行业竞争激烈，国家通过多项调控措施抑制地产行业过快增长，集团审时度势，自 2006 年起转变地产业务核心，由住宅地产转向旅游地产。近年来国家系列利好政策助力旅游及相关产业发展，无形中也为旅游地产的发展提供了一个广阔的平台。集团目前在建的旅游地产项目有景春谷度假区、海南景域生态城、云湖生态旅游度假区、舟山新境项目。

我国房地产市场经历了高速发展的 10 年，2008 年首次出现负增长。2009 年政府推出一系列经济刺激政策，被称为经济的"复苏元年"，房地产市场在 2009 年下半年呈现快速复苏趋势，房价再创新高。2010 年为遏制房价过快上涨，国家又出台了一系列调控政策，从抑制需求、增加供给、加强监管等方面对中国房地产市场进行全方位的调控。图 1 展示了 2009—2014 年商品房销售面积及金额的变化情况。有业内人士提出，中国房地产自 2011 年已由黄金时代步入白银时代。

图 1 2009—2014 年中国商品房销售面积和金额情况

资料来源：国家统计局网站，http://www.stats.gov.cn/#.

随着商业地产颓势初现，地产行业的几大巨头陆续调整战略，走向多元化转型之路。其中，万科提出由住宅产品提供商向城市配套服务商转变，华夏幸福力争成为产业升级与城市发展的引领者；万达正在进行基因改良，越来越注重地产开发中的旅游与文化，以及城市居民的休闲与体验。

2. 遭遇滑铁卢

自定位为多元化控股集团后，景春成立了董事局对重大投融资等事项进行决策。2006 年景春谷休闲运动度假区项目开始开发，该地区拥有亚洲极为稀缺的亚高山湿地，风景优美、气候宜人，人文及自然旅游资源丰富。集团累计投资近 5 亿元，陆续对项目所在地进行一级开发及滑雪场、滑冰馆、酒店等主体项目的建设，2009 年 12 月景春谷滑雪场作为度假区先行项目正式对外营业。但旅游地产项目需要较长的培育期，景春谷项目虽然有独特的地理位置及景观，终因知名度低难以快速积聚人气，至 2011 年末累计收入只有650 万元。

2007 年集团投资中国西北及中亚邻国地区矿产资源，获得吉尔吉斯斯坦东南部超大铁矿的探矿权，吉南铁矿预测资源量为 54 亿吨，是亚洲单一矿带上最大的铁矿，具有极大经济价值。然而开采需要大量的资金投入，同时需要专业的团队，所以景春集团购买该铁矿是为了伺机转让获得收益。铁矿购入时正值钢铁价格持续上行，然而 2008 年下半年在金融危机的冲击下，全球钢铁需求萎缩，钢材价格持续低迷。景春集团多次与国内大型钢铁企业洽谈，但都因价格问题无疾而终。资源板块负责人本欲与国外大型钢厂进行意向洽谈，但集团董事长王磊坚决反对，认为铁矿规模巨大，如被外国钢厂开发，将会是中国钢铁业的极大损失，所以坚持要将铁厂转让给国内钢厂。吉南铁矿远在国外，需派驻人员到现场进行维护，这些支出增加了铁矿的持有成本。

景春谷项目持续资金投入和吉南铁矿大额资金占用，使得景春集团一步步陷入资金周转的困境。2012 年三河项目火爆预售，收入大部分被集团调走用于周转，随着开发进程的推进资金需求陡增，且还贷就在眼前，集团资金压力巨大。下属子公司中只有绿林药业公司经营情况好，有充裕的现金流，但正在筹备上市。为避免日后审计出现不必要的麻烦，集团对绿林药业公司的资金不纳入统一管理范畴。在内部资金根本无法解决困难的情况下，集团只能从外部融资了。

3.　曲折融资路

最初遭遇资金困境时，李静红首先想到的是与集团有过业务往来的银行，它们对集团有一定的了解，合作的概率更高。经过初步沟通，李静红确定了两家有合作意向的银行。近几年银行对房地产企业的贷款审批越来越严格，有些银行甚至已停止对房地产企业的贷款审批。因此在商讨具体的合作条件时，银行表明只能接受抵押贷款。

景春集团以 2 亿元整体购入的位于工体东路的写字楼，因开发商原因尚未取得房产证，虽有购买协议和付款记录，并实质占用及对外出租，但银行认为按照《中华人民共和国担保法》（以下简称《担保法》），所有权、使用权不明或者有争议的财产不可作为抵押物。景春谷项目土地尚未取得土地使用证，不能作为抵押物。这样一来，能作为抵押物的资产仅有三河项目的土地使用权以及以前项目未售出的几套住宅及商铺，而三河公司已办理开发贷款，在未还款之前不能再办理其他贷款。此外，银行对房地产企业的贷款发放额占所提供抵押物评估值的比例较低，只有 50%～55%。经过几轮商谈，集团将几套住宅及商铺作为抵押物，获得 2 000 万元银行贷款。之后又以旗下非地产类子公司为主体取得了几笔银行信用及保证类贷款，但金额均较小，无法满足资金需求。

银行融资的路走不通，集团不得不另想办法。经过多次讨论，财务部提出三个融资方案呈交董事会，分别是景春谷项目引入战略投资者、转让绿林药业公司部分股权、发行中小企业私募债。引入战略投资者方案一抛出即遭到董事们极力反对，景春谷项目是董事长王磊极其看重的项目，虽然目前投入较大，且短期内无法带来现金流入，但旅游业在未来十年内将是极具潜力的行业，景春谷是集团地产业务转型的重点，一地难得，不想轻易与人分享。

绿林药业公司是集团优质资产，一直筹备上市，但 2010 年起国内股市低迷，证监会放缓了新股发行核准，而赴香港上市因产权纠纷问题迟迟得不到解决也只能暂时搁浅。财务部提出资本市场融资之路遥不可及，不如转让部分股权，以缓解集团资金周转压力。董事会则认为虽然绿林药业短时间内无法登陆资本市场，但所在行业是国家重点扶持产业，公司刚刚进入中国药业百强榜，营业收入及净利润年均增长率均在 30% 以上，毛利率超过 80%。药业板块作为集团三大支柱板块之一，无论能否上市，在今后的战略布局中都是重要的现金流来源。将如此优良的资产进行转让，实在不是明智之举。

景春集团目前对绿林药业公司的资金不能进行调拨，但可以其为主体发行中小企业私募债，之后通过委托贷款形式将资金提供给集团使用。中小企业私募债是为拓宽中小微型企业融资渠道兴起的一种便捷高效的融资方式，发行人限于符合中小企业划型标准、未在上海和深圳证券交易所上市的企业，暂不包括房地产企业和金融企业。发行审核采取备案制，审批周期快，且对募集资金的用途不作限制。

包括董事长在内的各位董事都对这种方式表示了认同，并决定成立专门工作小组，负责债券发行前期准备工作。尽管中小企业私募债券在发行程序上省去了审批环节，但需要申请及审查，最快也要一年的时间，而集团目前资金紧缺，至少需要 1 亿元才能救急。

4. 柳暗花明

董事会结束后，资金问题的压力一点儿也没有减轻。李静红认为既然集团高层不能接受股权转让及引进战略合作者，就只能在其他债权融资方式上想办法了。李静红的大学同学宋鹏在一家信托公司工作，近几年信托业发展很快，与银行相比贷款形式灵活多样，于是她拨通了宋鹏的电话，并约定晚上七点在世贸工三的咖啡馆见面。李静红详细介绍了集团面临的困境，约定下一周宋鹏所在的睿鑫信托公司派驻项目小组对集团情况进行详细了解，出具融资方案。

在睿鑫信托公司进驻集团前，李静红召集财务部和运营部负责人进行了讨论。集团目前资金缺口为1亿元，三河项目开发贷款5 000万元将于年底到期，银行已正式通知公司不能续贷，为保证后续项目资金需求，大家一致认为此次融资应打出资金余量，至少融入2亿元。集团自成立以来实行资金统一管理，由财务中心统一调拨。从目前各项目的开发状况看，只有三河项目短期内会有预收款流入，且项目前景较好，房价持续上升，可以三河公司为融资主体，解决项目自身及集团的资金需求。

睿鑫信托公司进驻集团摸底后，也认为三河公司符合融资主体的要求。经过几轮讨论，信托公司最终出具的融资方案为：（1）睿鑫信托公司发起成立有限合伙企业，作为资金提供方（所有出资人均为合伙企业有限合伙人，发起人为普通合伙人）。（2）为保障债权人利益，以景春集团对三河公司股权投资作为质押物融资。双方通过签订股权投资协议，将三河公司90％股权转让给合伙企业，剩余10％股权为质押物，股权转让及质押须办理工商变更登记及股权质押手续，但是约定：名义上有限合伙企业为三河公司90％股权持有方，实质上收取固定收益，不参与公司利润分配。（3）贷款总额为2亿元人民币，首年利率为17％，第二年起贷款利率为21％，期限36个月，可在期限满18个月、24个月提出提前解除协议申请。（4）三河公司注册资本为5 000万元，合伙企业以4 500万元取得90％股权，贷款期满之后景春集团以4 500万元赎回股权。双方特别约定：景春集团以股权转让价款4 500万元为对价，认购有限合伙企业的劣后出资，并成为合伙企业的劣后级有限合伙人，但是景春集团不享有合伙企业的收益分配权。（根据合伙人收益分配的优先顺序，可将合伙人划分为优先级有限合伙人、劣后级有限合伙人及普通合伙人。）

除此之外，发放贷款后合伙企业将派驻专员进驻现场，对三河公司资金支付进行逐笔审批，公司每月 25 日向财务专员报送资金使用计划及当月资金使用情况，合伙企业及三河公司各派一名代表共同持有所有印章及网银密钥。三河公司董事会将由 5 名董事组成，其中 2 名由合伙企业委派，其余 3 名由集团委派，对于一般事项由半数以上董事通过即可，但协议中约定的特殊重大事项须由至少 4 名董事通过方可执行。

图 2 显示了信托融资后景春集团、有限合伙企业、三河公司的投资关系及款项划转过程。

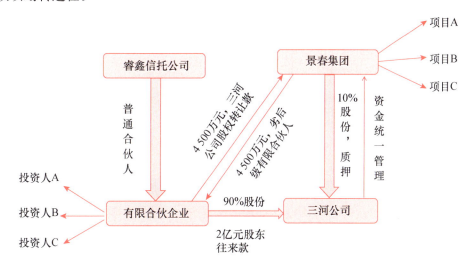

图 2　信托融资关系和资金划转过程

信托融资方案报送董事会之后，有的董事立刻指出，该方案就是新近出现的名股实债方案，以这种方式融资，三河公司的股权转让后，集团的控制权可能会受到影响。李静红认为，信托投资人实际上仍为收取固定收益的债权人，办理股权转让手续仅是为合伙人多提供一层保障以便快速募集资金。虽然合伙企业将派驻财务专员到三河公司对资金支付进行审核，但其目的是保障债权收回的现金流，对于公司正常经营支出，财务专员无权拒绝支付。

方案最终获得了董事会批准，协议签订后，合伙企业向景春集团支付 4 500 万元取得三河公司 90％ 股权，并收取景春集团支付的 4 500 万元劣后出资；2012 年 9 月，睿鑫信托公司顺利完成资金的募集工作，合伙企业以股东往来款的名义向三河公司提供 2 亿元贷款。双方签订了股权转让协议、股权质押协议、监管协议、股权回购协议和股东借款协议，集团终于渡过了难关。

5. 风波再起

5.1 资金调配受阻扰

信托融资合同签订后的 2012 年年底，正是各项目公司与供应商结算款项的高峰时期，景春谷项目有 3 000 万元的资金结算缺口，原计划通过当地银行贷款解决，所有手续均已报批完毕，但时值年底银行受批贷额度限制，只有等到次年年初才能放款。集团只能从三河公司临时抽调 3 000 万元以解燃眉之急，但遭到了合伙企业派驻的财务专员的极力反对，理由是按照协议三河项目的资金只能用于本项目的款项支付。虽然集团财务部极力解释此笔款项只是临时资金周转，等景春谷贷款到位后马上归还，但财务专员仍坚持自己的意见。最终，景春集团不得不支付高利率从关联企业临时借款，解决资金周转难题。

随着三河地产的持续发展，该项目已成为北京东部规模及人气仅次于通州的住宅区，2013 年集团将三河公司的战略目标定位于三河本地的专业地产开发，除继续开发已有项目外，需拓展新项目。三河公司经过多次考察，欲与一家拥有土地资源的当地开发商合作，双方经过洽谈初步达成合作意向。三河公司提交的新项目开发计划获得集团董事会的一致通过，正准备签订合同时，遭到合伙企业的极力反对，称三河公司在归还贷款之前只能支付与现有项目有关的款项，不能支付与新项目有关的支出，并指出协议的具体条款已明确，"目标公司收到贷款款项后，应按照本协议及目标公司的公司章程规定进行管理和运用，且仅能用于目标项目的开发建设及目标公司的正常经营或合伙企业书面同意的其他用途，贷款款项的支出应提前取得合伙企业的同意"。

三河公司总经理只能找李静红协调，李静红没有想到与信托公司合作会带来这么多麻烦，虽然信托融资帮助集团渡过了资金紧缺难关，但诸多限制已经影响到三河公司的正常经营。看来信托融资只能临时用来解决资金周难题，不是长久之计。

5.2 资产核算引疑议

2013 年 8 月，绿林药业公司筹划在香港上市，正进行首次公开募股（IPO）审计，景春集团作为控股股东须接受财务报表审计。在资产项目审计中，景春集团对三河公司的长期股权投资引起了审计师的注意，该投资采用成本法在

"长期股权"账户中核算，合并报表时再调整为权益法，截至 2012 年 12 月 31 日，三河公司总资产 15 亿元，净资产 4 亿元。审计师在抽查景春集团对外签订的合同时，注意到与信托合伙企业签订的股权转让协议，集团已将三河公司 90％的股权转让，并办理了工商变更登记，但对上述股权转让未进行账务处理，三河公司仍在集团合并报表范围内。审计师认为，虽然上述交易是一种发生股权变更的股权质押行为，但合伙企业能够对三河公司的财务决策产生影响，使景春集团对三河公司的控制权严重受限；而且在上述股权转让期间，该投资不能获取分红及转让收益；此外，景春集团虽与合伙企业签订股权回购协议，但如果在协议到期后不能归还借款，合伙企业有权转让三河公司股权，股权回购存在不确定性。所以无论从法律形式还是经济实质来看，在股权转让期间景春集团对上述投资已经失去控制权，对三河公司 90％股权的投资应该核减，并自股权转让日起不应再纳入集团合并范围。

景春集团财务部认为上述股权转让本质上是一种融资担保行为，股权转让期间集团并未失去对三河公司的控制权，虽然合伙企业向三河公司委派两名董事，但是经营决策由半数以上董事通过即可，且三河公司管理层未发生变化。此外，根据协议，合伙企业只收取固定收益，不参与公司利润的分配，虽然集团在股权转让期间无法从三河公司获取分红及转让收益，但集团拥有三河公司累计实现利润的所有权。按照回购协议，只要集团按时归还借款，合伙企业有义务将三河公司股权转让给集团。从集团的战略层面看，三河公司是集团地产板块的核心资源，集团不可能放弃，所以审计师提出的回购风险根本不存在。综上原因，财务部认为三河公司 90％的股权仍应作为集团的长期股权投资核算，并纳入合并报表范围。

除已转让股权账务处理存在分歧外，审计师还发现融资协议中约定了劣后级合伙人事项，景春集团不能参与合伙企业利润分配，但如发生亏损则有义务承担。景春集团有实缴出资的款项流转记录，但未进行任何账务处理，审计师认为上述事项导致集团资产负债表不完整，形成表外资产。景春集团应将对合伙企业的出资确认为金融资产，期末应对该金融资产进行减值测试，并披露可能出现的或有负债。

景春集团财务部则认为，集团不享有合伙企业收益分配权，但须承担相应的义务，因而从法律意义上说不构成合伙企业的有效合伙人。融资协议之所以约定集团作为劣后级有限合伙人，是为债务偿还多提供一层保障，因而与合伙企业的资金流转记录只需在备查簿中登记。财务部对于审计师提出的期末应进行价值评估的观点表示认同，因为按照协议，如合伙企业发生亏损，集团需按照法律规定承担相应的损失。三河公司目前经营情况良好,发生亏损的可能性极小,即使期末进行评估也不会发生减值,所以没有确认金融负债的可能性。

正当财务部收集上述两项争议的各类资料以佐证自己的观点时,却收到了审计师以书面形式提出的要求集团调整账务的通知函,审计师表示,如果集团不进行账务调整,他将只能发表否定意见的审计报告。对于长期股权投资的核算问题,审计师表示已获得审计证据表明合伙企业对三河公司的财务决策产生了重大影响,甚至是共同控制,因而认为股权实质已转让;对于劣后级合伙人事项,审计师坚持原有观点,认为集团虽不享有合伙企业收益,但从法律形式及经济实质来看,集团承担合伙人的义务并获取了资源,应进行相应的账务处理。

收到审计师的通知函后,本以为还有回旋余地的李静红意识到了事态的严重性。将质押股权视为转让企业的长期股权投资,且不纳入集团的合并报表,会导致集团的资产规模大幅减少。如果不进行账务调整,审计师发表否定意见的审计报告,将直接影响绿林药业公司的 IPO 进程,这个责任财务部可担不起啊!

6. 协议解除

2013 年 11 月,随着绿林药业公司中小企业私募债的顺利发行,景春集团获得了 1 亿元的委托贷款,资金年利率仅为 8%。云峰湖项目试行 PPP 模式,引进当地政府、国开金融为合作方,三方共同出资成立的公司已完成工商登记手续,国开金融承诺由国家开发银行提供后续项目所需资金贷款。景春谷项目一直在寻求适合自身特点的融资方式,终于在 2013 年 10 月与工银租赁公司达成了合作意向,景春谷公司以已购置的造雪机、索道、酒店专用设备等资产采用售后回租的方式进行融资,预计可实现融资 2 亿元,年利率 7.3%。

三河项目土地购置计划不容延误,李静红觉得是时候与睿鑫信托公司好好谈一下了,于是约请该公司召开临时会议。会议上李静红将三河公司的战略目标及与信托公司合作过程中所遇到的各类问题进行了介绍,并强调集团引入了新的融资方式,资金成本更低,鉴于目前双方合作状况,可否提前解除协议。睿鑫信托公司给出的答复是只能按照协议的约定,在期限满 18 个月、24 个月及 36 个月时提出解除申请,目前合作刚满 14 个月,景春集团只能在 4 个月后提出解约申请，如集团不按照约定提前终止协议，将按协议中违约条款收取违约金。此外，睿鑫信托公司是隶属于西藏国资委的企业，国家对国有企业资产转让监管程序较为严格，国有资产转让须按照规定程序办理"招拍挂"（即招标、拍卖、挂牌）手续。在景春集团提前归还信托贷款后，三河公司的股权过户将视为国有资产转让，须按照程序办理相关手续。如果在协议期满36个月自动解除协议，睿鑫信托公司可以出具相关的说明，以证明股权实为质押，免除"招拍挂"程序。

问题的复杂程度超出了李静红的预料，睿鑫信托公司在协议签订时并未就国有资产转让事宜作出说明。如果按照协议约定再过4个月解除协议，那么三河公司购置土地的时机早已错失，这对三河公司和景春集团来讲都是极大的损失；如果执意解除协议，集团需支付大额违约金，三河公司股权需通过"招拍挂"程序收回，有股权流失的风险。李静红深感事态已不在自己的控制范围内，决定马上提请召开董事会。

李静红将睿鑫信托公司的意见在董事会上作了说明，各位董事均同意提前解除与信托公司的合作关系，为确保已转让股权的顺利收回，避免"招拍挂"程序，集团可以支付适当的补偿给合伙企业。会议结束后李静红便与睿鑫信托公司相关领导进行了沟通，表明集团的难处及诚意，希望对方尽快确定合理的、在集团承受范围内的补偿金额。

一周后，李静红接到了睿鑫信托公司约请面谈的电话。睿鑫信托公司表示，因集团提前解除协议，给合伙人及信托公司均带来了经济损失，经过详细的测算，集团需额外支付至少1 200万元的补偿金。李静红当场表示这个金额超出景春集团预先的估计，集团目前筹措的资金仅够支付本息，不可能额外支付高达1 200万元的补偿金。睿鑫信托公司则表示，因提前解除协议，合伙人需要另外寻找投资渠道，补偿金额是经过详细计算且为各合伙人接受的最低限额。双方各执一词，面谈没有任何结果。

7. 尾声

从睿鑫信托公司回来的路上，李静红感觉身心疲惫。景春集团希望以最少的代价退出融资，而睿鑫信托公司一定会代表合伙人争取最大的利益。看来一场你争我抢的谈判是避免不了了！

李静红原以为信托融资可以另辟蹊径帮助企业渡过资金难关，名股实债的融资安排仅仅是债权人如期收回投资的一个保障，但从对集团的资金管理、财务核算、投资决策所产生的影响，直至如今的退出风波来看，信托融资决策到底是对是错？评判的标准应是什么？

启发思考题

1. 景春集团为什么会遭遇资金困境？
2. 信托融资方案与其他资金解决方案相比对于景春集团有何好处？
3. 债权人为什么要求景春集团转让三河公司 90% 的股份，并成为合伙企业的劣后级合伙人？
4. 景春集团是否应该核减对三河公司的长期股权投资并确认一项新的金融资产？为什么？你认为应该如何进行会计核算？
5. 景春集团决定退出信托融资时遇到的困难是什么？为什么会遇到这个困难？启示是什么？

教学目的与用途

1. 本案例主要适用于"财务会计"课程关于金融资产以及负债的确认与计量的教学，也可以用于"财务管理"课程筹资决策的教学。
2. 本案例适用对象：MBA、EMBA、MPAcc、金融专业硕士、企业培训人员，以及经济类、管理类专业的高年级本科生及研究生。
3. 通过转让股权提供质押来进行信托融资，是一种创新的资金融通安排。但是该金融工具的应用可能给企业带来特殊风险，对金融资产的核算、股东权利的行使以及企业财务决策都会产生影响。本案例以名股实债信托融资中，长期股权投资和劣后级合伙人出资等金融资产的核算难题，以及名股实债融资的退出困境为重点，通过教师的引导和学生的深入讨论以达到如下教学目的：

（1）理解债权权能和股权权能的内涵，确定名股实债融资的交易性质。

（2）识别名股实债融资给企业金融资产的确认与计量带来的影响。根据案例企业信托融资的交易性质，讨论该交易是否会导致金融资产转移，长期股权投资价值减少；是否会形成一项新的金融资产，如何计量该资产。

（3）了解名股实债融资安排对企业财务决策和经营决策产生的影响。

（4）理解以转让股权提供质押对于信贷融资退出成本的影响，思考如何管理名股实债合同的筹资风险。

理论依据与分析

1. 信托融资安排的性质

根据《中华人民共和国信托法》第二条，信托是指委托人基于对受托人的信任，将其财产权委托给受托人，由受托人按委托人的意愿以自己的名义，为受益人的利益或者特定目的，进行管理或者处分的行为。信托融资的具体过程一般是：信托公司作为受托人向社会投资者发行信托计划产品，为需要资金的企业募集资金；信托公司将所募集的资金投入需要资金的企业；企业再将融入的资金投入相应的项目，以产生的现金流偿付投资者的信托本金及利息。

一般而言，信托融资安排的本质特征是债权融资而不是股权融资。债权融资与股权融资是企业的两种主要融资工具。债权融资的特点包括：短期性，即通过债权融资获得的资金需要到期偿还；可逆性，即企业通过债权融资获得的资金最终要回到债权人手中；负担性，即企业需要支付利息给债权人作为对资金使用权让渡的偿付。股权融资的特点则包括：长期性，即股权融资获得的资金没有到期日；不可逆性，即企业获得的股权融资不需要偿还；无负担性，即企业是否对股东支付股利、股利的多少根据企业经营状况决定，不是固定的。

从法律角度看，债权权能与股权权能有本质区别。股权是股东享有的权利，《公司法》第四条规定："公司股东依法享有资产收益、参与重大决策和选择管理者等权利。"其中，资产收益权属于自益权（涵盖剩余财产分配请求权、按比例股利分配权、股利分配请求权等），参与决策与选择管理者的权利属于共益权（公司管理权）。

债权权能主要有四项：（1）给付请求权。债权人利益的实现需要通过债务人的给付行为，因此债权人具有给付请求权。（2）给付受领权。债务人履行债务时，债权人有权受领，并保有因履行行为所得的利益。（3）保护请求权。债务人不履行债务时，债权人可以请求国家机关给予保护，强制债务人履行。（4）处分权能。债权人可以用抵消、免除、转让等方式处分其债权。由此可见，债权权能不包括股权权能中的共益权。

2. 名股实债合同的内涵和目的

名股实债是一种创新投资模式，一般而言是通过融资主体的增资扩股实现的。投资资金通过股权的方式参与到存在融资需求的公司中，在注入资金前即约定在固定期限后回购股权（包括投资资金全额回购或加息回购）。这种投资模式以股权投资为表面特征，本质上却含有刚性兑付的保本约定，因此具有股权投资和债权投资的双重属性。

国家税务总局在 2013 年第 41 号《关于企业混合性投资业务企业所得税处理问题的公告》（以下简称"41 号公告"）中将符合以下五项条件的名股实债界定为混合性投资：（1）被投资企业接受投资后，需要按投资合同或协议约定的利率定期支付利息（或定期支付保底利息、固定利润、固定股息）；（2）有明确的投资期限或特定的投资条件，并在投资期满或者满足特定投资条件后，被投资企业需要赎回投资或偿还本金；（3）投资企业对被投资企业净资产不拥有所有权；（4）投资企业不具有选举权和被选举权；（5）投资企业不参与被投资企业日常生产经营活动。混合性投资中债务人的利息支出可以在税前抵扣。

名股实债与可转换债券、附有认股权证的企业债券等传统混合性金融工具有明显区别。传统混合性金融工具以债权为基础，附以股权性质是为了降低债券的资金成本，所涉及的股权实质上是一种期权。名股实债形式上是股权性金融工具，本质上却是债权性工具，一般情况下，此类金融工具不会在债权与股权之间转化，除非被投资单位违反债务契约，不能如期偿还债务。

作为一种金融创新，通过增资扩股实现的名股实债融资近年来被保险公司、私募基金以及信托公司广泛应用于房地产投资领域。投资人之所以会选择这种投资方案，主要基于两方面的考虑。一方面迎合被投资方（房地产企业）降低资产负债率的需求。我国的房地产企业采用典型的银行贷款支撑下的高负债经营模式，为保持较高的融资能力，房地产企业在选择融资方案时倾向于采用不增加负债率的融资方案。另一方面，随着国家对房地产行业的调控，该行业的发展速度已放缓，房地产企业的股权投资价值明显下滑，因此投资者更倾向于获得稳定的固定收益。名股实债满足了投资人和被投资人双方的需求，得以快速推广和应用。

在本案例中，睿鑫信托公司为景春集团设计的融资方案能迅速满足企业资金需求，避免出让优质资产、丧失控制权，因而被景春集团接受。信托融资方案如图 3 所示。

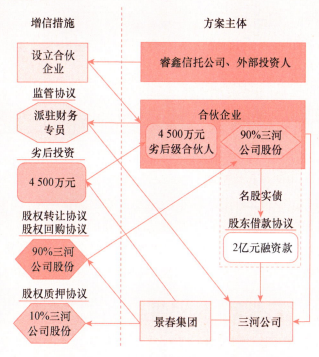

图 3 名股实债信托融资方案

该信托融资方案的主要内容是，信托投资人以合伙企业为主体为三河公司提供 2 亿元融资。附加的条件是：（1）景春集团将其拥有的三河公司 90% 的股份转让给合伙企业，但合伙企业不参与三河公司利润分配，只享受约定利率的固定收益。（2）合伙企业委派 2 名专员加入三河公司董事会，不参与公司的日常生产经营活动，只负责监督 2 亿元资金的使用。（3）景春集团注资 4 500 万元作为合伙企业的劣后级合伙人，不享有收益分配权，以其出资额 4 500 万元为限承担亏损。（4）景春集团质押余下的三河公司 10% 的股份，为 2 亿元融资提供担保。

本案例通过股权质押形成的名股实债融资，与广泛应用于房地产领域通过增资方式形成的名股实债融资有本质区别。本案例中的名股实债条款是主合同条款的保障性条款，一般房地产企业融资的名股实债条款是主合同条款。

本案例中债权人设置名股实债条款是为了保障债权的收回，而一般房地产企业融资的名股实债条款主要是为了降低房地产企业的资产负债率。本案例中的信托资金不论名义上还是实质上都是债务融资，一般房地产企业名股实债融资的性质名义上是股东投资，实质上是债务。具体的比较见表1。

表1　　　　　　　　　　　　两种方式形成的名股实债融资的比较

实现方式	名股实债条款的目的	名股实债条款的性质	投资主体性质		信托资金性质	
			名义	实质	名义	实质
增资方式的名股实债融资	降低融资方资产负债率	主合同条款	股东	债权人	股东投资	债务
股权质押方式的名股实债融资	提供债权收回保障	保障性条款	股东	债权人	债务	债务

3. 长期股权投资是否应该抵减

根据《企业会计准则》，资产是指过去的交易或事项形成的、由企业拥有或控制的、预期会给企业带来经济利益的资源。金融资产是资产的具体类别，是指一切代表未来收益或资产合法要求权的合同权利。会计上所指金融资产通常包括库存现金、银行存款、其他货币资金、应收账款、应收票据、贷款、其他应收款、股权投资、债权投资和衍生金融工具形成的资产等。

2014年修订的《企业会计准则第2号——长期股权投资》中将长期股权投资定义为投资方对被投资单位实施控制、重大影响的权益性投资，以及对其合营企业（即共同控制）的权益性投资。其中，控制指有权决定一个企业的财务和经营政策，并能据以从该企业的经营活动中获取利益；共同控制指按照合同约定对某项经济活动所共有的控制，仅在与该项经济活动相关的重要财务和生产经营决策需要分享控制权的投资方一致同意时存在；重大影响指对一个企业的财务和经营政策有参与决策的权利，但并不能够控制或者与其他方一起共同控制这些政策的制定。《企业会计准则》规定，对于重大影响和共同控制的长期股权投资采用权益法核算；对于拥有控制权的长期股权投资采用成本法核算，编制合并报表时再调整为权益法。

《企业会计准则第23号——金融资产转移》指出，金融资产转移是指企业（转出方）将金融资产让与或交付给该金融资产发行方以外的另一方（转入方）。金融资产转移准则强调，企业已将金融资产所有权上几乎所有的风险和报酬转移给转入方的，应当终止确认该金融资产；保留了金融资产所有权上几乎所有的风险和报酬的，不应当终止确认该金融资产。企业既没有转移也没有保留金融资产所有权上几乎所有的风险和报酬的，应当分情况处理：

（1）放弃了对该金融资产控制的，应当终止确认该金融资产；（2）未放弃对该金融资产控制的，应当按照其继续涉入所转移金融资产的程度确认有关金融资产，并相应确认有关负债。继续涉入所转移金融资产的程度，是指该金融资产价值变动使企业面临的风险水平。

在本案例中，由于景春集团的名股实债融资，审计师与集团财务部对于长期股权投资是否应该抵减产生了分歧，分歧的重点在于景春集团转让90％三河公司的股份给合伙企业，是否导致金融资产转移。

支持金融资产转移的证据在于：（1）按照信托融资合同的约定，景春集团已经将其拥有的三河公司90％的股份转让给合伙企业，并已办理工商变更手续，因而从法律形式上看，景春集团不再拥有4 500万元长期股权投资；（2）从经济实质上看，债权人能够对三河公司的财务决策实施重大影响，景春集团对三河公司的控制权严重受限，而且在股权转让期间该投资不能获取分红及转让收益。不支持金融资产转移的证据在于：（1）融资合同规定股权转让是形式，实质是股权质押；（2）债权人虽然拥有4 500万元投资的所有权，但不能参与三河公司分红，也不承担亏损；（3）从短期看，三河公司的经营决策仍由景春集团主导，从长期看，景春集团不会放弃对三河公司的股权投资。

应该通过判断是否转移长期股权投资所有权上几乎所有的风险和报酬，是否放弃对三河公司经营管理的控制，来确定信托融资之后，景春集团是否仍持有长期股权投资，其价值应该如何计算。

4. 劣后投资的确认与计量

按照《中华人民共和国合伙企业法》，有限合伙企业由普通合伙人及有限合伙人组成，普通合伙人对合伙企业债务承担无限连带责任，有限合伙人以其认缴的出资额为限对合伙企业债务承担责任。随着我国金融市场的不断发展，一些合伙企业将有限合伙人设定为优先和劣后两级，优先级合伙人按照合伙协议优先获得收益分配，一般来讲可以获得比较固定的收益。劣后级合伙人在产品向优先级合伙人分配收益后，获取剩余的收益或承担亏损。优先级合伙人的收益较固定，亏损可能性小，但是无法获取高收益。劣后级合伙人必须承担产品亏损的风险，但是有可能获得高额收益。关于优先级及劣后级合伙人的设定问题，在实践中已有很多成功案例，但目前法律尚未对此作出明确规定。

将劣后投资确认为一项资产，必须判断该投资是否符合《企业会计准则》对于资产的定义，未来经济利益是否能够流入企业并可靠计量。如果劣后合伙投资带来的未来经济利益流入有一定的不确定性，即使将其确认为资产，也应该在每个会计期末对其价值进行评估和减值测试。

5. 名股实债筹资风险及其防范

一般而言，通过增资扩股方式实现的名股实债融资，通过将债权包装成股权，模糊了股权与债权的概念，虽然能够帮助融资企业在不提高账面负债比率、规避贷款规模限制的前提下迅速筹措到大量资金，但也存在很多风险。例如，投资方为防范风险，往往会要求监督和制约融资企业的部分经营管理行为，这就使融资合同违背国家税务总局"41号公告"中提出的混合性投资的相关条件，导致融资企业无法获得利息税前抵扣的优惠。又如，由于名股实债融资的资金成本往往远高于银行贷款等传统融资方案，若协议中没有约定可赎回条款，或者没有约定提前回购股权的方案，企业只能承担高额的利息支出。增资扩股形成的名股实债与股权质押形成的名股实债筹资风险的对比分析见表2。

表2   名股实债筹资风险分析

融资阶段	增资扩股形成的名股实债融资风险	股权质押形成的名股实债融资风险	风险管理的侧重点
确定融资方案	● 控制权稀释风险 ● 筹资利息无法税前抵扣风险 ● 合并报表编制风险	● 控制权丧失风险 ● 股权转让定价风险 ● 股权赎回程序风险 ● 长期股权投资抵减风险 ● 合并报表编制风险	风险识别与评估
签订融资协议	● 融资协议对股权赎回价格和条件规定苛刻引发的股权赎回损失风险 ● 融资协议对股权赎回价格和条件规定不详引发的后续谈判成本失控风险 ● 债权人介入企业经营与财务决策的风险 ● 债权人转让股权的风险 ● 股权转让收益的分配风险		事前风险应对
履行融资合同	● 融资主体不能如期还款导致的股权赎回风险 ● 提前解除融资协议导致的股权赎回风险		事后风险应对

企业可以通过风险识别、风险评估发现和衡量风险，并在此基础上选择适当的对策应对风险，最终有效控制筹资风险。

课堂计划建议

本案例可以用于专门的案例讨论课，下面是按照时间进度提供的课堂计划建议，仅供参考。

建议在"财务会计"课程介绍资产和负债会计要素的确认、计量和披露，尤其是金融工具的确认和计量之后使用本案例。整个案例课堂讨论控制在80～90分钟。

课前计划：教师提前1～2周发放案例正文，要求学生课前阅读，按照启发思考题对案例进行初步思考。

课堂讨论前言：教师简明扼要地介绍讨论主题。（2～5分钟）

分组讨论：每组4～5人，通过讨论交流，深入理解名股实债融资的过程和案例企业面临的决策困境。（20～25分钟）

引导讨论：教师可以按照教学规划设计问题，带领学生深入讨论案例企业面临的资金困境、名股实债融资方案的价值、债权人提出名股实债方案的目的等，在课堂讨论的高潮提出案例企业长期股权投资和劣后级合伙人投资的核算难题，询问学生的解决方案及依据，促使学生真正掌握金融资产确认和计量的原则。最后，引导学生讨论名股实债融资的退出问题，使学生理解如何管理这一新型金融工具的筹资风险。（控制在55分钟内）

讨论总结：教师对案例讨论进行归纳总结，进一步提出发散性问题，让学生课后思考。（5分钟）

主要参考文献

[1] 廖理，朱正芹. 中国上市公司股权融资与债权融资成本实证研究 [J]. 中国工业经济，2003（6）：63-69.

[2] 刘光超. 私募股权投资的若干法律问题研究 [D]. 中国社会科学院研究生院硕士学位论文，2014：8-11.

[3] 燕小月. "名股实债"的会计处理管见 [J]. 财会月刊，2015（7）：46-47.

[4] 刘汝军. 债务重整，资产置换：解决不良贷款问题的一条新思路 [J]. 金融研究，1998（2）：33-36.

[5] 吴翌均. 论股权的性质 [J]. 法学研究，2013（8）：11-14.

15 号加油站的存货盘点

摘要：

长风成品油销售公司（以下简称"长风公司"）是青海西部规模最大的成品油销售公司。本案例以注册会计师王艳和助理李峰对长风公司下属的 15 号加油站的库存油品进行监督盘点为背景，详细描述了监盘的实施过程以及发现问题、寻找突破口，最终确定长风公司油品存货内部控制漏洞的全过程。王艳和李峰此次监盘的主要目的是弄清楚以下几个问题：该公司存货账面数值是否与实际数值一致？该公司与存货相关的内部控制是否存在缺陷？如果存在缺陷，具体是哪一个环节出了问题？

关键词：盘盈；存货；内部控制；内部审计

0. 引言

5 月的一天，兴诚会计师事务所的办公室里静悄悄的，注册会计师王艳端着一杯茶，倚靠在办公桌前浏览网上的新闻。对于事务所的这个顶梁柱来说，这可是难得的闲暇。她带领的审计小组马不停蹄地忙活了五六个月，刚刚完成了一家公司的年报审计。王艳在兴诚已工作八年，干练踏实，勤于观察和思考，三年前就晋升为高级经理，主要负责石化行业客户的审计工作。

"叮铃铃……"电话铃声打破了办公室的静寂，也打破了王艳的闲暇。合伙人张军的第一句话就是"又要辛苦你了",王艳知道马上又要忙起来了。原来事务所承接了长风公司的内部专项审计业务,对该公司油品销售和存货业务进行内部核查。长风公司已经下发通知,各下属单位期中存货盘点很快就要进行。长风公司是一家成品油销售公司,存货占公司总资产的比重较大,是内部控制和风险管理的重点。公司上下十分重视一年两次的存货盘点,要求注册会计师尽快到位。事务所考虑到王艳多次参加石化行业的审计工作,有丰富的实战经验,决定派她领导项目组完成这项任务。

存货监盘是重要的审计监察程序,需要被审计单位通力配合,而且实施成本高。事务所通常只有一次监督盘点的机会,一旦行事不周,很难要求客户重新盘点,因而必须周密部署每一个环节。王艳不敢怠慢,立刻召集项目组成员开会,调出长风公司的资料,讨论该公司基本业务以及与存货相关的管理活动,经过一上午的讨论,拿出了存货监盘的初步计划。下午,王艳带队飞到该公司实施存货监盘。

1. 相关背景

长风成品油销售公司成立于 1992 年,是青海西部规模最大也是知名度最高的成品油销售公司之一,主营汽油、柴油、航煤、润滑油、燃料油的购销业务。其下属加油站有 100 多家,直属油库 2 座,销售量由 1999 年的 4 万吨上升到 2012 年的 52 万吨,与同地区的其他公司相比一直遥遥领先。

20 世纪 90 年代后期,长风公司抓住国家石油战略西移的发展机遇,迅速扩大业务规模,拓展销售渠道。青海省虽然地广人稀,但成品油销售市场竞争激烈,长风公司在改善服务、打造精品加油站的同时,努力向管理要效益。公司通过各项管理措施的实施、人员激励和考核等制度的落实来实现经营目标。

随着销售规模的扩大,成品油存货成为公司管理的重中之重。由于长风公司自身的内部审计力量有限,存货的审计监察工作没有真正铺开。兴诚会计师事务所是一家中等规模的会计师事务所,主要客户来自石化行业。考虑到兴诚拥有丰富的石化企业审计经验和良好的审计与咨询服务口碑,长风公司决定将本年度的存货内部审计业务委托给兴诚会计师事务所。

2. 监盘过程和结果

王艳和项目组成员一下飞机就径直来到长风公司所在地，公司负责接洽的审计部副经理杜林接待了他们。宾主寒暄几句后，杜林向项目组介绍了长风公司油品进货、配送和销售的主要流程和管理情况。

长风公司的油品采购部门、配送站和加油站都独立核算，定期进行内部结算，每年进行两次油品存货的盘点。公司近年来一直在拓展加油站布点，扩大销售额，市场份额有了很大增长。但是随着销售规模的扩大，内部管理力量不足的问题逐渐显现出来。"存货占我们公司资产的比重很大，而且随着加油站点的增加越来越大，我们公司早就制定了存货定期盘点制度和内部审计的监督盘点制度，然而公司审计部只有三名员工，人手有限，根本没有能力实施存货的现场监盘。"杜林解释说，"期末油品的盘点数基本来自各个油库和加油站的上报数，公司只是制定了油库和加油站盘点的具体制度，要求基层贯彻实施。"

"有没有盘盈盘亏的情况？"王艳问。"有，但是数量都不大。近两年我们也发现油品业务中的一些问题，比如说油品采购和储存没有考虑国际油价涨跌的周期，采购成本下不来；电子数据平台一直没有建立，对于油品采购、配送和销售，别说动态精细管理，有时各方的数据都对不上，责任也没有办法准确划分。"杜林进一步介绍说，"公司想借这次盘点的契机，摸清存货管理的具体问题，有针对性地改进内部控制。这次请你们来，也希望借助专家，提高公司的管理水平。"

接着，项目组向杜林具体了解了后天开始的存货盘点工作。王艳详细地询问了盘点的时间安排、盘点范围、具体程序及参与人员，并且要了一张长风公司加油站点的分布地图，总体了解各加油站的位置。之后，她对杜经理说："我们的人今天刚到，有点高原反应，还不太适应，我们先休息一下，明天再和您商定监盘的具体计划。"

回到酒店，王艳立刻拿出长风公司存货盘点制度标记重点，并打开地图仔细查看各加油站的具体位置。"王老师，"审计助理李峰凑过来说，"是不是跟以往一样，抽盘规模大、每天流量大的加油站？"

"后天盘点的加油站有几家？"王艳没有马上回答李峰的问题，反而发问。"12家。"李峰说。"那就选5家规模大、流水多的加油站，再选3家规模小的。"出人意料，王艳选择的加油站中有2家地处城郊、每天销售流水较少，从没有盘盈盘亏记录的加油站——15 号和 20 号加油站。

王艳让大家各自回房间休息，好好看看杜林给的盘点流程，作出每个加油站监盘的详细计划。她叮嘱大家先不要走漏风声，由她来通知长风公司项目组监盘的计划。直到第二天下午下班之前，王艳才打电话给杜林，告诉他明天监盘的具体加油站。

第三天一大早，项目组成员分组奔赴各个盘点现场。王艳和李峰驱车前往 15 号加油站。仲春的高原乍暖还寒，远山一带仍是白雪皑皑。一路上，王艳静望着窗外，思忖着监盘工作的具体事宜，不时向李峰讲述本次监盘应注意的问题。

15 号加油站地处高原，毗邻国道。站长孙超 40 岁左右，脸被风吹得红红的，典型西北汉子的长相，在这个加油站已经工作了五年。他热情地与王艳和李峰握了握手。王艳告诉孙站长，监盘分为两个步骤，第一个步骤是由站里的员工盘点，事务所的人看看就行，第二个步骤是由事务所的人对盘点过的油品进行抽查。"我们的工作可离不开你们的配合。"王艳说。孙超笑着点点头，"好说好说"，便着手安排几个员工开始盘点。

15 号加油站库存油品共六种，其中汽油分为 90 # 、93 # 、97 # 三种，柴油分为 0 # 、—20 # 、—35 # 三种。加油站的员工盘点时，王艳和李峰在盘点现场走来走去，并不停地记录。两小时后盘点基本完成，盘点的结果是各种油品的账面结存和实际结存基本能对得上。孙站长问王艳："我们弄完了，你们要抽查哪个油品种类啊？"王艳说："今天时间还早，你们的油罐也不多，我们就所有种类油品都抽查一次吧。"

孙站长脸上露出了惊讶的神色，继而笑着说："你们全查不嫌累吗？""不累不累，就是辛苦您协助了。"王艳也是满脸堆笑。随后，在孙站长的安排下，抽查盘点工作全面展开。王艳和李峰从加油站的盘点记录查到油品罐，测量实际储量，又从油品罐的油品查到盘点记录。

现场监盘结束后，王艳、李峰和加油站的工作人员一起，将抽查盘点表与加油站的盘点记录以及库存油品明细账的余额进行了核对，结果出乎意料，油品出现了大量盘盈，多达 9.85 方，其中盘盈最多的是—35 # 柴油。

3. 站长的解释

王艳立即与孙站长进行了沟通，没想到孙站长听到盘盈的结果，没有表现出丝毫惊异。他轻轻"哦"了一声解释说，在长风公司工作这么多年，盘盈盘亏他都见过，一般都不是真正的账实不符。李峰追问为什么，孙站长说，由于油品密度会因温度高低而变化，相同质量的油品在不同温度下体积会有所变化，加油站最后一次进油是上个月，总体气温较低，进入 5 月之后气温一下上升了，油品体积会在一定程度上增大，如果采用正确的密度换算方法，就不会错认为是油品盘盈了。他又从办公桌里拿出一个笔记本，让王艳和李峰看这些年的油品盘点数和密度换算记录，解释说最近几年油品密度换算的误差一直没有调整，现在存货的账面数据和盘点数据的差额是最近几年各油品密度换算差异造成的累积数。

孙站长的一番话让李峰恍然大悟，他挠挠头说今天可长了学问。王艳也点了点头，没有继续追问。她跟孙站长道了声辛苦，说今天的工作就到这里，明天他们再来汇总盘点结果，填写监盘报告。

回到酒店，没来得及吃晚饭，王艳就和李峰一起查看起油品的盘点记录、配送记录、进货和销售台账，并电话联系事务所外聘的石油学院的赵教授，查询油品温度与密度的关系。根据以往的审计经验，王艳并没有完全相信孙站长的话，她知道不同种类油品的密度换算系数是不同的，为什么孙站长根本没有提到这一点，也没有询问他们盘盈的是汽油还是柴油呢？

果不其然，他们从赵教授那里得知，虽然无论是柴油还是汽油，油品的密度都会随着温度的升高而降低，这一指标可以用各油品的膨胀系数来表示，但是汽油的热膨胀系数大于柴油的膨胀系数，约为柴油的 20 倍。赵教授从网上给项目组发来 ISO 91—1—1992《石油计量表》等标准，以及详细的计算方法。王艳和李峰忙了两个小时，估算出 15 号加油站存货油品理论上可能存在的账实误差，其数值远远小于柴油实际盘盈的数量！

4.　水落石出

第二天一早，王艳和李峰又来到了 15 号加油站。王艳找到加油站油库管理员，要求看看油品入库单的存根联，管理员二话没说，拿出本年度所有的入库单。李峰仔细地翻看了所有的入库单，入库时间、品名、数量填列得很清楚，而且入库单全部连续编号，没有断号和重复编号的情况。王艳从入库单中进行抽样，抽取的是−35#柴油的入库单。到加油站的会计小张那里核对各种油品的明细分类账时，小张明显不太高兴，说账是她一笔一笔做的，不会有什么问题。尽管如此，她还是拿出了库存明细账。王艳和李峰花了好几个小时，将入库单与库存明细账一笔一笔核对，但是没有发现漏记入库油品的情况。

王艳问会计小张，油品配送站给不给加油站寄对账单，多长时间寄一次。小张说加油站由好几个配送站送油，哪儿对得过来，再说大家都到公司结算，也没出过什么差错，加油站从来没有跟配送站对过账。

那么有没有可能是重复记录油品销售造成的期末存货账实不符呢？王艳决定从油品销售明细账抽样追查到销售单，核对销售品种和数量。两个人又忙活了三个多小时，没查出这一环节有什么差错。各种油品账面销售数量与加油机的记录能够对得上。加油站的售油记录由加油机自动记载，出现舞弊的可能性很小。

监盘工作似乎走入了一个死胡同。到底是什么环节出了问题？难道自己的判断有误？王艳的眉头紧紧地锁在一起。昨晚油品密度的换算说明 15 号加油站肯定是盘盈了，难道是我们算错了？

正在这时，有一辆运油车来到 15 号加油站，王艳观察到，加油站油库有一个门卫，运油车进来时在门卫那里进行了登记。

一道亮光在王艳的头脑中闪过。等运油车开走之后，她看四周无人，便不动声色地来到门卫跟前。"小伙子辛苦啊！"她向立在门口的门卫打招呼。"革命工作嘛。"小伙子腼腆地笑着回答。

"每辆运油车你都登记啊？"

"是啊，公司规定的。"

"都登记什么呀？"

"送油时间、汽油柴油的品种和数量。"

"真够辛苦的，记录还要你保管啊？"

"是啊，公司没准儿什么时候来查。"

"是这本吗？"王艳指着旁边桌子上厚厚的一个本子。

"是。"小伙子回答。

王艳装着漫不经心的样子翻了翻。"记得真详细，我们那边正在写盘点报告呢，能不能用用你的数据？"

虽然长风公司对所招聘的每一位门卫强调记录运油车进出油库情况的重要性，但是从来没有人真正关心过门卫的记录本。站在寒风里的小伙子有点受宠若惊，连忙点头说可以。

王艳和李峰将得之不易的门卫入库记录本与入库验收单的入库日期、油品数量进行仔细核对。核对工作开始不久，李峰就发现 93#汽油有一笔 1.5 吨的门卫入库记录没有对应的入库验收单，这种情况绝非偶然，王艳和李峰为之一震。他们做好相关的记录后，继续进行核查工作，随后发现每一种油品的门卫入库记录合计数都比入库验收单合计数大，其中一35#柴油入库验收单与门卫入库记录出入最大。

监盘工作峰回路转，门卫的入库记录出现舞弊的可能性很小，王艳和李峰一致认为问题很有可能出在油品验收、保管和销售环节。核对工作完成后，王艳对15号加油站的问题大致心中有数，她决定再实地观察一下加油站的油库状况。

王艳和李峰走出工作室，在加油站周边看似随意地走着。当到达地下油库的一侧时，李峰发现地上有很多油渍，便向路过的一名加油站员工询问。这名员工解释说，这一侧是各油品地下油库的进油位置，每次油品入库都是在这里，所以不可避免有一些油渍。李峰点点头，和王艳继续向前走，当走到油库的另一侧时，细心的李峰发现地上也有油渍，虽然地面被油渍污染的程度比之前看到的轻得多，但仔细观察还是比较明显的。李峰将油渍的位置指给王艳看，王艳点点头，就此事询问了刚才那名员工。此时，该员工明显神色慌张，说话支支吾吾，说可能是哪名员工不小心把油滴在地上了。

李峰在留下油渍的地方蹲下来，仔细观察周围的情况。当他拨开地上的杂草时，一根很细的出油管露出来，"这是什么？"他再次询问那名员工，对方这次哑口无言！

在王艳和李峰的审计证据面前，孙站长变了脸色，15号加油站的秘密终于被揭穿。原来这是一个涉及加油站主要员工的有组织有计划的销售油品、私设"小金库"案件。他们绕开加油机，重开出油口，利用公司内部控制的漏洞，将部分油品入库不入账，原以为可以瞒天过海，不料终被审计人员看破。

5. 尾声

这一仗打得真漂亮！虽然几经周折，王艳和李峰终于查找到15号加油站盘盈的真正原因，并向长风公司作了通报。几天的工作让王艳和李峰疲惫不堪，但他们仍然处于兴奋之中。入夜了，王艳的房间还亮着灯，她在桌前静静思考，摆在她前面的是正在起草的"长风公司加油站存货管理建议书"。

附录

加油站油品入库、销售与核算的内部控制流程图如图1所示：

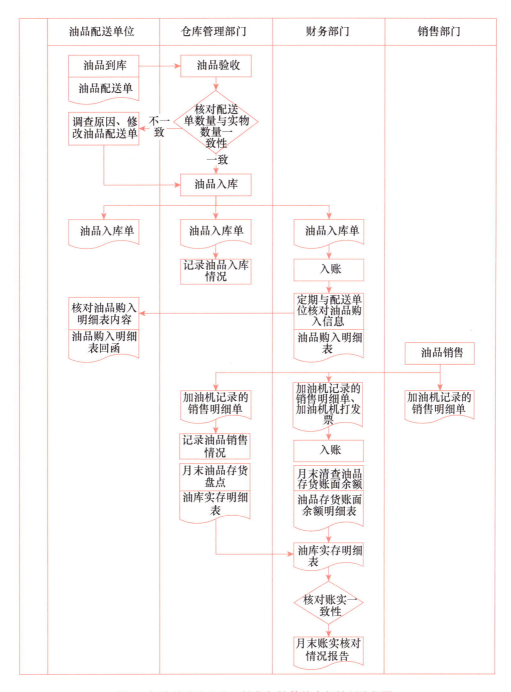

图 1　加油站油品入库、销售与核算的内部控制流程图

启发思考题

1. 长风公司为什么要聘请注册会计师进行存货监盘？存货监盘在企业存货内部控制中的作用是什么？

2. 存货盘盈盘亏的一般原因有哪些？存货的特殊物理性能和化学性能给存货盘点提出了哪些特殊要求？

3. 15号加油站油品存货的入库、销售和会计核算存在哪些漏洞？请代王艳完成"长风公司加油站存货管理建议书"，并绘制15号加油站的油品的出入库管理流程。

4. 内部审计在公司治理和内部控制中具有什么特殊地位？

教学目的与用途

1. 本案例适用于"财务会计"课程关于存货实物管理和期末盘点的教学，"审计学"课程关于存货监盘的教学，"内部控制与风险管理"课程关于存货内部控制的教学，等等。

2. 本案例适用对象：MPAcc、MBA、EMBA、企业培训人员，以及经济类、管理类专业的高年级本科生及研究生。

3. 存货管理是企业存货核算的基础，也是企业内部控制的重点内容和中心环节。本案例围绕注册会计师在长风公司的存货监盘，描述了注册会计师发现该公司下属加油站存货内部控制漏洞和串通舞弊的过程，通过教师的引导和学生的深入讨论以达到如下教学目的：

（1）了解采用成本领先战略的企业实施精益管理、加强存货内部控制的重要性。

（2）理解存货盘点制度在保证企业存货的账实相符，保障企业资产的安全完整方面的重要作用，了解存货盘点的主要内容和工作要求。

（3）了解存货盘盈盘亏的一般原因，知晓存货的特殊物理性能和化学性能给存货盘点提出的特殊要求。

（4）掌握企业存货的采购、入库、销售等业务循环中内部控制的目标、主要风险与关键控制点。

（5）理解内部审计在公司治理和内部控制中的重要作用，了解如何通过内部审计视角对经营过程进行观察，对管理中存在的缺陷或失败进行甄别和快速报告。

理论依据与分析

本案例分析的主要依据包括：

1. 存货盘点

存货是指企业在正常生产经营过程中持有以备出售的产成品或商品，或者为了出售仍然处在生产过程中的在产品，或者将在生产过程或提供劳务过程中耗用的材料、物料等。

存货盘点指定期或不定期对库存商品的实际数量进行清查、清点的作业，即为了掌握货物的流动情况（入库、在库、出库的流动状况），对仓库现有物品的实际数量与保管账上记录的数量相核对，以便准确地掌握库存数量。

存货盘点工作中主要关注的是：

（1）货物数量。通过点数计数查明商品在库的实际数量，核对库存账面资料与实际库存数量是否一致。

（2）货物质量。检查在库商品质量有无变化，有无超过有效期和保质期，有无长期积压等，必要时还应对商品进行技术检验。

（3）保管条件。检查保管条件是否与各种商品的保管要求相符，如堆码是否合理稳固，库内温度是否符合要求，各类计量器具是否准确等。

（4）库存安全状况。检查各种安全措施和消防器材是否符合安全要求，建筑物和设备是否处于安全状态。

2. 与存货相关的内部控制

与存货相关的内部控制涉及企业或单位供、产、销各个环节，包括采购、验收入库、仓储、加工、运输等方面，具体而言包括：

（1）存货计划控制。存货控制是存货管理的中心问题，必须制定相应的政策、计划和标准，以便于管理者遵照执行。这样既可以防止损失与滥用，又可以作为采购与销售的依据，保证生产与销售的需要，并防止存货过剩与不足。合理的存货计划对采购、销售及均衡库存具有很强的制约作用。

（2）职责分工控制。存货控制涉及很多不相容的工作岗位，对于涉及存货的业务应有明确的分工，特别是采购、验收、付款、记录必须分别由不同的部门或者岗位处理，这是纠错防弊的重要内容。

（3）存货采购控制。采购控制主要是由仓储部门或使用部门填制请购单，由采购部门填制订购单，由验收部门验收并填制验收单，仓储部门收料入库并填制入库单，会计部门对照订购单、入库单、发票等编制记账凭证，及时付款。程序和记录的完善与完备，是存货采购控制的主要内容。

（4）存货保管控制。与仓储相关的内部控制的总体目标是确保与存货实物的接触必须得到管理层的指示和批准。企业应当采取实物控制措施，使用适当的储存设施，以使存货免受意外损毁、盗窃或破坏。

（5）存货领用控制。存货领用时，应由生产部门签发领料单，用料部门持单去仓库领料，经被授权人审签后，仓库人员照单发料，及时送会计部门入账或作为成本计算或费用分配的依据。加强存货和销货成本控制的另一重要措施是采用存货永续盘存制，为正确进行存货采购、使用和销货的成本计算提供必要的数据。

（6）存货期末盘点。与存货实地盘点相关的内部控制通常包括：制定合理的盘点计划，确定合理的存货盘点程序，配备相应的监督人员，对存货进行独立的内部验证，对盘点结果与永续存货记录进行独立的调节，对盘点表和盘点标签进行充分控制。

3. 存货的监盘

存货监盘是审计人员对企业存货盘点的监督与抽查程序。实施存货监盘可以使审计人员对影响企业经营运作的重要因素及这些因素如何影响企业的财务状况有很好的了解。存货监盘有利于审计人员加强对被审计企业基本情况的了解，并针对存货方面存在的问题向管理人员提出改进建议。存货监盘包括两方面的工作内容：

（1）存货监盘的观察程序。在被审计单位盘点存货前，审计人员应当观察盘点现场，确定应纳入盘点范围的存货是否已经适当整理和排列，并附有盘点标识，防止遗漏或重复盘点。对未纳入盘点范围的存货，审计人员应当查明未纳入的原因。在实施存货监盘的过程中，审计人员应当跟随存货盘点人员，注意观察被审计单位事先制定的存货盘点计划是否得到贯彻执行，盘点人员是否准确无误地记录了被盘点存货的数量和状况。

（2）存货监盘的抽查程序。审计人员应当进行适当抽查，将抽查结果与被审计单位的盘点记录相核对，并形成相应记录。抽查不仅是为了证实被审计单位的盘点计划已得到适当的执行，而且是为了证实被审计单位的存货实物总额。审计人员应根据被审计单位的盘点记录选取抽查项目。

抽查的范围通常包括所有盘点工作小组的盘点内容以及难以盘点或隐蔽性较强的存货。如果审计人员对被审计单位的有关程序不满意，或者审计人员未能观察到占较大比重的存货盘点项目，还应当实施实质性的盘点程序。此外，要尽可能避免被审计单位了解自己将抽取测试的存货项目。在抽查时，审计人员应当从存货盘点记录中选取项目追查至存货实物，以测试盘点记录的准确性；还应当从存货实物中选取项目追查至存货盘点记录，以测试存货盘点记录的完整性。

对于特殊类型的存货，比如数量难以估计或者质量难以确定的存货，审计人员需要运用职业判断，设计恰当的审计程序，对存货的数量和状况获取审计证据。如果审计人员不具备某些领域的专长或者技能，在确定存货的数量或者实物质量时，可以考虑请教专家。

4. 内部审计在公司治理和企业内部控制中的作用

在现代企业的公司治理中，所有者为防范经营者的道德风险和违约风险，需要实施各种约束机制以达到监督目的，同时，需要对经营者的管理效果进行考评以便给予奖励或惩罚。上述监管过程中离不开对会计信息系统的监督，为确保各主体获得对称、公允、真实的会计信息，就必须实施有效的审计监督制度。内部审计是对经营者进行绩效评价的重要手段，作为掌握相关专业技能、独立于被评价方的内部机构，内部审计部门的评价结果具有较强的说服力。

内部控制是企业治理层和管理层为实现企业战略、提高企业的经营效率和效果，保证对法律的遵循和会计信息的真实性而建立的一系列政策程序，与公司治理及公司管理密不可分。良好的内部控制框架是公司法人主体正确处理利益相关者之间的关系，实现公司治理目标的重要保证。内部控制框架在公司制度安排中担任内部管理监控的角色，毫无疑问，合理的内部控制制度是公司治理结构中重要的组成部分。

内部审计是内部控制的一个重要环节，同时也是内部控制有效性的重要保证，体现了再控制的职能。正如内部审计师协会所定义的，内部审计是"一个组织内部所建立的独立的评价功能，它检查并评价组织的活动，且以之作为对组织提供的一项劳务"。内部审计的目标是帮助组织的成员更好地恪尽职守。为了这个目的，内部审计提供与所检查的活动有关的分析、评价、建议、咨询及信息。审计的目标也包括以合理的成本促进有效的控制。在完成其职责的过程中,内部审计必须检查内部控制制度,以确保在相关企业目标完成时,它能对董事会和管理层提供"合理保证"。因此,内部审计实际上是内部控制制度的重要组成部分。

5. 采用成本领先战略的企业加强存货管理的意义

成本领先战略是指企业通过降低生产和经营成本,以低于竞争对手的产品价格达到一定市场占有率,并获得同行业平均水平以上的利润。成本领先战略适合市场竞争激烈,所提供的产品或服务同质化而不具差异性的行业。采用成本领先战略的企业往往会实施精益管理,通过对产品或者服务价值链成本的深入分析,发掘成本控制的潜力,实现企业战略。

我国成品油价格与国际价格接轨是发展趋势。我国将逐步放开国内成品油批发和零售市场,允许外国石油跨国公司参与国内油品市场经营,与国内石油、石化企业展开平等竞争,政府对石油价格的管制也必将进一步放松。随着竞争日益加剧,国内成品油销售也将进入微利时代。成品油这一产品不具有明显的差异化特征,因而成品油销售企业要在竞争中处于不败之地,大多要实施成本领先战略,在精益管理和成本费用控制上下功夫。完善存货的内部控制既是企业防范风险的要求,也是精益管理和成本控制的要求。

课堂计划建议

本案例可以用于专门的案例讨论课,下面是按照时间进度提供的课堂计划建议,仅供参考。

建议在"财务会计"课程介绍存货的确认、计量和披露之后,或者在"审计学""内部控制与风险管理"课程介绍存货采购、销售、生产等业务循环的内部控制或生产与存货循环的审计之后使用本案例。整个案例课堂讨论控制在80~90分钟。

课前计划:教师提前1~2周发放案例正文,要求学生课前阅读,按照启发思考题对案例进行初步思考。

课堂讨论前言:教师简明扼要地介绍讨论主题。(2~5分钟)

分组讨论:每组4~5人,通过讨论交流,深入理解案例企业面临的问题并提出管理建议。(20~25分钟)

引导讨论：教师可以按照教学规划设计问题，引导学生深入讨论成品油销售企业的战略与盈利模式、存货管理的重要性、存货盘点的主要工作内容、审计人员发现 15 号加油站内部控制漏洞和舞弊的过程等，在课堂讨论的高潮，教师展示该加油站油品入库、保管和销售的流程图，询问学生该流程的关键控制点，并讨论长风公司存货内部控制的整体改善方案，促使学生掌握与存货相关的内部控制。最后，引导学生讨论内部审计在公司治理和内部控制中的地位和作用。（控制在 55 分钟内）

讨论总结：教师对案例讨论进行归纳总结，进一步提出发散性问题，让学生课后思考。（5 分钟）

主要参考文献

［1］中国注册会计师协会. 2016 年度注册会计师全国统一考试辅导教材：审计［M］. 北京：经济科学出版社，2016：257-265.

［2］企业存货管理编写组. 企业存货管理［M］. 北京：企业管理出版社，2014：77-89.

分合两难：
天泽集团设立财务公司之困

摘要：

本案例讨论了企业集团在集中财务管控和整合资金管理流程中出现的问题。天泽集团是建材行业大型骨干企业，围绕水泥产品实施纵向多元化战略，并按照板块进行经营管理。集团的资金集中管理经历了银行委托贷款、设立板块结算中心、设立多级结算中心等阶段，有效提高了资本配置效率。然而在设立财务公司的过程中令天泽集团管理层困扰的是：原有的结算中心到底是保留还是并入财务公司？如何协调企业集团、各板块管理层、成员公司和银行的利益关系？

关键词：企业集团；资金管理；结算中心；财务公司

0. 引言

2014年1月的一个上午，天泽集团总部15层的一间办公室，财务部副总、会计师张友鹏正在阅读各成员单位送来的财务公司资金管理流程规划建议。办公楼外，宽阔的广场，精心修剪的草坪，高高飘扬的司旗，让人很难相信这是水泥企业的办公区。办公室内，张友鹏紧锁眉头，耳旁回响起的声音一个接一个："设立财务公司后，如果将现有的结算中心合并到财务公司，结算中心原来的管理职能如何实现？""成员单位开户从银行转到财务公司后，银行合作不积极怎么办？"

　　下周就要召开筹建财务公司的业务规划会，各结算中心和成员单位对财务公司资金管理流程各执己见。合上建议书，张友鹏陷入了沉思：十几年来，天泽集团通过委托贷款、结算中心、资金池将一个个问题都成功地解决了，如今面临的问题却是前所未有的。怎样实现集团的战略目标、满足各板块均衡发展的要求，又不影响作为独立法人的子公司的利益？怎样平衡财务公司与结算中心、银行的业务关系？集团财务部面临巨大挑战。

1. 天泽集团

　　天泽集团是中国建材行业大型骨干企业，建于 1979 年，2010 年 8 月改制成为国有控股公司。经过 30 多年发展，天泽集团成为一家跨行业、跨区域、跨所有制的综合性企业集团，拥有 3 家上市公司和 200 多家企业，分布在全国 12 个省（自治区、直辖市），总资产 607 亿元。天泽集团的业务涵盖水泥、装备工程、混凝土、房地产、砂石骨料以及建材制品、矿业、贸易物流等领域。2012 年，天泽集团跻身中国企业 500 强。其主要业务板块如下。

　　水泥板块：天泽水泥股份有限公司是国家重点支持的 12 家大型水泥集团和中国上市公司 500 强之一，被誉为"中国新型干法水泥工业的摇篮"，拥有 53 条新型干法熟料水泥生产线，水泥年产能 1.25 亿吨，位居国内三甲、国际前七，包括通用、专用、特种三个系列几十个品种。

　　装备工程板块：装备制造年产能 8 万吨，年产各型号电气盘柜 1 万余面，具备同时建设 8 条和检修 100 条日产 5 000 吨熟料水泥生产线的能力，在机械、电气设备领域拥有 100 多项专利技术，成为集水泥工程设计、装备研发、装备制造、工程建设、备件供应、维修于一体的服务型水泥装备工程产业链。2011 年，重组成立唐山天泽装备工程股份有限公司，实现了装备工程板块上市。

　　混凝土板块：天泽混凝土有限公司依托天泽集团的广阔平台，借助天泽水泥的品牌优势，在国内 12 个省（自治区、直辖市）收购或新建混凝土企业 46 家、搅拌站 61 个，年产能 3 655 万立方米，在混凝土行业名列前茅。

　　房地产板块：天泽房地产开发有限公司拥有多个高端、特色房地产项目，土地储备达 200 多万平方米，成为当地最具资源优势的大型房地产企业。

天泽集团还布局了贸易、矿业等其他产业。在多年的发展中，天泽集团确立了自己的发展战略：以创新为动力，做稳做强水泥主业，实现稳中求进；发挥比较优势，适度多元发展。

2. 资金集中管理历程

2.1 委托贷款调盈缺

天泽集团从成立之初到 2000 年，主要依靠政府出资、合资办厂和自身积累的方式发展壮大。发展初期，由于旗下企业数量不多，分散在各地，除了初始的注册资金投入外基本没有资金往来。当公司发生资金短缺时，主要从当地的银行获得贷款。

2000 年以后，天泽集团以投资、合资、收购等多种方式组建 20 多家子公司。新投资的公司由于生产线投入巨大经常发生资金缺口，而经营多年的公司有一些资金盈余。发生资金短缺的企业到银行贷款，资金盈余较多的企业又找不到合适的投资渠道，集团整体的利息负担较重。根据中国人民银行 1996 年发布的《贷款通则》，企事业单位不得经营存贷款等金融业务，企业之间不得违反国家规定办理借贷或者变相借贷融资业务。天泽集团管理层开始积极寻找在现有法律框架内企业间融通资金的方法。成员单位的资金主管不约而同地使用了银行委托贷款的方式。有资金需求的单位在集团内部寻找资金宽裕的单位，双方达成协议后，资金宽裕的单位委托银行将资金贷给有资金缺口的单位。贷款利息由借款方通过银行支付给委托人，银行从中扣收手续费，到期不还的风险损失由委托人承担。借款人避免了外部融资的复杂手续，委托人则获得了数倍于存款利息的收益。而商业银行在不增加风险的情况下，通过办理更多的委托贷款获得了手续费收入。

集团财务部审计发现，多数企业间的委托贷款都按市场利率进行有偿使用，借款方也能按时偿还。财务部制定了集团内部委托贷款管理办法，对借款的用途、计息还款、风险管理进行了规范。天泽集团通过这种逐笔委托贷款的方式，在内部成员单位间零星地调剂资金，解决了部分资金不平衡的问题。

2.2 结算中心托板块

天泽集团在水泥行业站稳脚跟后，先后在装备工程、混凝土、房地产等领域进行多元化投资，发展到 80 多家企业。随着集团规模的扩大，委托贷款的问题逐渐显现：依靠人工逐笔签订合同、逐笔放贷、逐笔还款的方式效率低下。由于市场环境不断变化，一开始确定的贷款金额到合同签订下来时，所需的金额和贷款期限已发生很大变化。面对大量的委贷合同，环节多，流程长，资金管理人员有点力不从心。

时任集团财务部主任张友鹏意识到：必须有一个机构和一个信息系统，才能更快捷高效地支持企业的资金业务。于是他带领骨干企业的资金主管考察了多家企业集团的资金集中管理。这些集团大多在总部成立结算中心，建立一个资金池。天泽集团能按此方式统一建立一个资金池吗？

天泽集团实行多元化发展战略，确立了分板块的管理格局。各个板块是经营的主体，拥有人、财、物的配置权，并独立考核。如果在集团统一建立一个资金池，势必进行跨板块的资金调动，在各板块的利益格局没有理顺的情况下，各方都维护自己的利益，集中调剂就会变成上有政策下有对策。鉴于此，集团财务部提出了资金集中管理分两步走的方案。先在板块内部建立资金池，设立资金结算中心，负责本板块成员单位间的资金调剂。待条件成熟时，再实施第二步，立足集团建立统一的资金池。方案经董事会批准后开始组织实施。

各个板块成立了自己的结算中心，根据成员企业的需求设计了不同的资金管理模式。混凝土板块大多进行内部结算，商贸板块则各家公司独立管理资金，水泥板块有大量应收账款，房地产板块则需要大量融资。资金集中采用多种方式实现，包括统收统支、收支两条线、集中结算、集团支付、日间透支日终补平等。

然而，多数成员单位对将自己的资金存在结算中心心存疑虑。考虑到这一点，集团建立健全了各项管理制度和业务细则，明确了资金管理流程。结算中心还制定资金计划制度和风险管理制度。各板块动用结算中心大额资金进行投资时，必须经集团总部审批，并落实到板块的年度资金计划中。成员单位急需资金时，可向结算中心申请贷款，贷款手续简便。在结算中心试运营的 6 个月中，成员单位在结算中心的内部存款比照商业银行的同类存款利率上浮 10%，贷款利率则下调了 10%。存贷款利差以利润形式反映在结算中心。结算中心架构如图 1 所示。

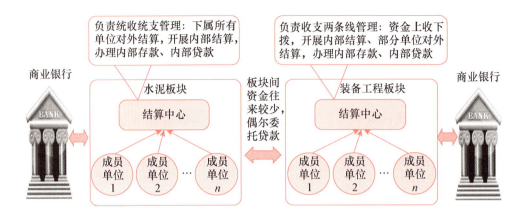

负责统收统支管理：下属所有单位对外结算，开展内部结算，办理内部存款、内部贷款

负责收支两条线管理：资金上收下拨，开展内部结算、部分单位对外结算，办理内部存款、内部贷款

商业银行

水泥板块

结算中心

成员单位1　成员单位2　…　成员单位n

板块间资金往来较少，偶尔委托贷款

装备工程板块

结算中心

成员单位1　成员单位2　…　成员单位n

商业银行

图 1　天泽集团板块结算中心架构

2006 年年底，资金管理系统上线。结算中心业务全面开展，大量的内部存款、内部贷款、内部结算依托资金管理系统高效地完成。结算中心、下属成员单位和银行签署了开通银企直联服务的协议，并同步进行了账户和资金的清理，将原来分散在多家银行的资金集中到几家开通银企直联的主办银行。有了银企直联，成员企业日常的资金划转和对外支付结算都利用资金管理系统自动完成，大大提高了工作效率。

主办银行的客户经理发现，银行配合天泽集团做了银企直联，留住了大客户，并且带动了商业汇票等业务的增长。结算中心发放内部贷款虽然减少了部分成员单位到银行的贷款量，但随着天泽集团的快速成长，在银行办理的自营贷款和委托贷款依然保持增长。银行从天泽集团获得的利润仍然呈上升趋势。结算中心更高兴，收取的内部贷款利息减去支付的内部存款利息之后，还有一大块利润留在了结算中心。结算中心配置的人员虽不多，却创造了不少利润。

2.3　百川流入资金池

到了 2010 年，天泽集团成员单位已从原来的 80 家变成 150 多家，资产从100 亿元增至 300 多亿元。当年的合并报表显示，整个集团融资 150 多亿元，利息支出 5.6 亿元，在银行存款 70 多亿元。集团有大量存款放在银行，同时又大规模融资并支出高额的利息。为什么会这样呢？

经过分析发现：各板块在不同时期对资金的需求不同。房地产板块在国家政策变化和项目建设不同阶段，资金的紧缺和盈余状况相差很大；水泥、建材制品的资金需求存在周期性，但两者的周期不完全一致；矿业板块则收入相对稳定。板块结算中心的成立，促进了资金在板块内部的高效运转，但资金在板块间的平衡仍没有一个很好的通道。有的板块在银行有大量沉淀资金，而有的板块出现较大的资金缺口，只能向银行贷款。

由于在集团没有设立结算中心，资金在板块之间的调剂主要采用行政命令无偿借用，有少量通过银行委托贷款来实现。通过行政命令无偿调度资金，借出单位收不到利息却还要承担风险，因而以各种方式抵制——延迟收取货款、提早预付款、转作投资。而通过银行委托贷款主要发生在相互熟悉的板块间，依靠的是老总和资金主管的个人信用，难以大规模使用。

近些年随着公司上市、成立合资公司，集团的管理也在发生变化。总部成立预算管理部，负责在全集团推行全面预算。各企业存量资金的收益和融资产生的成本都按市场价反映到利润中，影响着绩效考核和经理人年薪。集团财务部负责集团整体资金的运营及调配管理，2010年初开始实行财务人员委派制，各板块的总会计师由集团统一委派，业务和人事任免直接由集团总部负责。各板块结算中心经过几年的运营，锻炼培养了一大批资金管理人才，在内部结算、银企关系、风险管理、信息系统方面积累了丰富经验。至此，建立资金池的条件初步具备。财务部向董事会提议建立一级资金池和多级结算中心，很快获得批准。

为保障各板块的利益，集团保留了各板块结算中心的扁平管理方式。内部资金调剂产生的收益仍留在各个板块结算中心，它们仍可选择不同的资金管理模式。集团总部建立一级结算中心（一级资金池），二级结算中心到一级结算中心开户，将一部分资金集中到一级结算中心。二级结算中心到一级结算中心拆借资金时，按市场利率计息，有偿使用。各板块成员单位仍由二级结算中心管理，原则上不允许到一级结算中心开户。二级结算中心主任在业务上受一级结算中心的指导，人事任免和绩效考核仍归属各个板块。集团总部调用一级结算中心资金进行重大投资时，所投资项目必须经集团战略规划发展部的审批。多级结算中心体系如图2所示。

然而，多级结算中心运行一段时间后，又产生了新的问题。各板块结算中心将原来存放在当地银行的资金上存到集团资金池后，资金就从当地银行转到了总部结算中心的开户银行，当地银行对此十分不满，以各种理由不及时办理。在天泽集团总部和各银行总部的协调下，这个问题暂时得到了解决。除了银行的配合问题之外，板块之间的资金流动也出现了问题。由于房地产板块长期大量借入资金，装备工程板块急需技改资金时，一级结算中心无能为力，装备工程板块只好到银行借款。装备工程板块表示，如果长期这样，就把资金全部存到银行，不再存到一级结算中心。水泥板块手里有大量的银行承兑汇票，提出到一级结算中心办理质押贷款，一级结算中心因现汇资金紧张不受理这些票据⋯⋯

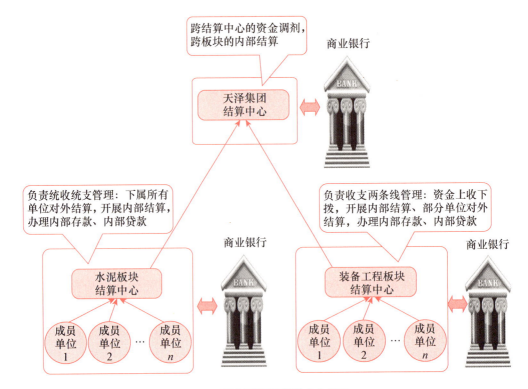

图 2　天泽集团多级结算中心架构

3. 财务公司促升级

　　2012 年，天泽集团确立了"突出重点，局部超越，以技术联盟推动技术创新，以研发生产环保节能装备为方向，走差异化发展之路"的战略，积极拓展市场，加大投资。然而国家严控信贷规模，致使融资难度增加，融资成本上升，天泽集团面临巨大资金缺口。2012 年财务报告显示：公司从外部融资 184 亿元，年融资成本 7.9%，每年需要支付利息 14.5 亿元，相当于集团产品销售毛利的 42%。看着这些数字，张友鹏开始反思，天泽集团的资金管理主要依托内部结算中心，从现有资金的配置和周转上下功夫，未扩大外部融资能力。资金缺口依靠外部银行贷款和发行债券，融资成本高昂。集团下一步进行技术创新，研发生产环保节能装备需要大量资金，正在快速扩展的房地产、物流板块也需要大量资金，只依靠自身积累和银行贷款，会严重阻碍集团的发展。

　　张友鹏查看银监会的资料发现，能源电力、航天航空、石油化工、钢铁冶金、机械制造等基础产业的大型企业几乎都有自己的财务公司。与结算中心相比，财务公司有金融许可证，可以从事同业拆借、信贷资产转让、发债等，融资渠道丰富；可以享受同业存款利率；可以从事委托贷款、银团贷款、融资租赁、商票承兑、票据贴现、转贴现、买方信贷、担保等高收益业务。看来必须设立金融机构，借助外部力量更有效地解决资金问题。

董事会批准了设立财务公司的申请，并任命张友鹏为筹建小组组长。2013年10月，上市公司天泽水泥对外发布公告称：为了有效保障天泽水泥股份有限公司"十二五"期间"区域领先"战略的实施，为公司快速发展提供长期稳定的资金支持，天泽水泥股份有限公司拟与天泽集团有限责任公司、天泽混凝土有限公司共同出资设立天泽集团财务有限公司。

公告发布后，筹建小组按照银监会《申请设立企业集团财务公司操作规程》的要求开始工作。财务公司开业，需建立健全拟办业务的规章制度及内部风险控制制度。首先要明确结算中心和财务公司的定位，设计业务流程，建立配套的财务公司管理信息系统。天泽董事会在批准筹建财务公司的申请时，将财务公司定位为集团的结算平台、融资平台、风险管理平台。筹建工作的重中之重是财务公司与结算中心的业务该如何整合。天泽集团内部有两种方案：

第一种方案：取消结算中心，将结算中心的业务全部合并到财务公司。反对的声音认为，结算中心运营多年，成员单位的业务流程与结算中心的业务处理结合在一起。这种整合对成员单位的日常业务影响大，整合后能否满足成员单位的管理要求成了一大疑问。

第二种方案：保留结算中心，成员单位维持现有业务流程。可如果这样，财务公司与结算中心部分业务重叠，二者该如何定位？业务该怎样区分？会不会造成无序竞争、多头管理？

由于这个决策影响各个板块和成员单位，张友鹏决定召开业务规划会，广泛征求意见后再做决定。

4. 是分是合难决断

2014年1月10日，在天泽集团总部第二会议室，业务规划会如期举行。总会计师李凤林代表集团简要介绍了设立财务公司的必要性和筹建期间的任务，随后转入本次会议主题——财务公司和结算中心的业务整合。张友鹏主持会议。

"我们需要确定结算中心和财务公司在集团的定位,明确整个集团的资金管理流程,这样财务公司的业务范围和业务流程才能开始设计。现在有两种方案,第一种方案:取消结算中心,结算中心现有的人员并入财务公司。成员单位直接到财务公司开户,将款项直接存到财务公司。日常内部结算和对外结算直接委托财务公司办理。成员单位需要贷款时直接向财务公司申请。第二种方案:保留现有的结算中心。结算中心到财务公司开户,将资金存到财务公司,实现资金的集中管理。"

听了张友鹏的讲解,地产板块资金主管袁总赞同道:"第一种方案好,效率高,发挥了财务公司的专业优势。结算中心的人员并到财务公司,也发挥了规模优势。我们现在通过银行办理贷款手续比较麻烦,以后到财务公司办理,大家知根知底,手续简便。"

袁总刚讲完,贸易板块盾石商贸公司的财务经理附和道:"我们坚决支持集团设立财务公司的决定。我们也认为,第一种方案好。据我所知,财务公司的业务范围包括委托贷款。我们现在有大量的闲置资金,集团不允许我们委托银行发放贷款,必须将钱集中到结算中心。现在有了财务公司,我们是不是可以委托财务公司发放贷款?"张友鹏回答道:"是的,财务公司开业时就会提供委托贷款业务,而且会提供非常优质的服务。"

"我们也认为第一种方案好。我们单位收到的大量票据都交到结算中心统一保管,虽然解决了票据的保管问题,但是我们一手有大量票据,一手为了支付工资又大量贷款。这些票据都是钱啊,如果采用贴现而不是贷款方式,大概可节省一半的财务费用。希望财务公司的贴现业务尽快开展起来。"唐山水泥公司的财务经理说道。

水泥板块新投资外地项目的财务经理也受邀参会,听了前几位的发言,他连忙说:"取消结算中心后,财务公司按市场化方式运作,像我们这样新成立的项目,既没资产抵押,也没有可靠的现金流,靠什么来财务公司贷款?我们是水泥板块的发展重点,结算中心一直在资金上重点扶持我们。我们赞成第二种方案,并且希望保留结算中心的资金调剂权。"

"我们也赞成第二种方案。"装备工程板块下属公司的赵经理马上跟着说。"我们单位这几年的技改资金投入很大,但是当年投入当年就能见效,投资回收期短,投资回报率也高。装备工程板块结算中心张主任在资金上给了我们大力支持。如果装备工程板块的资金都存到财务公司,房地产项目、水泥板块的固定资产投资都需要大量资金,并且短期内不能收回贷款,财务公司把钱都贷给这些单位了，我们的贷款怎么保证？各板块最了解自己的业务，知道资金该用在什么地方。财务公司不管业务也不了解业务，按市场机制来，形成的局面就会是不差钱的好贷款，真正差钱的单位又贷不到款。大家说是不是？"

赵经理的话引来议论纷纷，装备工程板块的张主任大声说："集团现在的管理方式是按板块管理，各板块是经营的主体，负责管理各自的资金，经营与资金相匹配。如果成立财务公司，成员单位都到财务公司开户，由财务公司集中管理资金，这种资金管理方式和板块管理不一致啊！就拿我们装备工程板块来说，成员单位间每个月都有大量的内部交易，结算中心将这些内部结算按月集中处理。成员单位每月根据大量的出库单生成内部结算清单，传到结算中心，由结算中心完成内部托收，轧差清算。结算中心和成员单位在一个系统中，系统会根据它们的出库单自动生成内部结算清单。成立财务公司后，财务公司是独立的系统。这是否意味着成员单位要把合同、发票、出库单都传到财务公司，在财务公司完成轧差清算？整个集团板块多，如果财务公司都管到业务上，又管这么细，能管得过来吗？"

矿业集团的冯主任见张友鹏没有回应，便说道："我们矿业板块要求成员单位每天下班前将贷款逐级划到结算中心。日常开支必须报资金计划，在结算中心审批后，成员单位才能支付。如果成员单位都到财务公司开户，财务公司以后还要负责审核资金计划吗？财务公司的结算人员会将成员单位的计划报给我们矿业的老总审吗？我们现在不只是一级审批，而是逐级审批。如果让成员单位登录财务公司的系统来完成计划的填报，是不是要同时登录两个系统啊？这也太复杂了。所以，我也赞成第二种方案。"听了冯主任的发言，张友鹏仔细一想，这还真是个头疼的问题。

水泥板块结算中心的白主任听了上述发言，也迫不及待地讲出自己的疑问："我们结算中心把资金主要存放在济南的银行，成立财务公司后要求成员单位都到财务公司开户，是否意味着当地的资金都要划到财务公司来？"张友鹏回答："是的。"白主任看着张友鹏，语气中带着请求，"如果是这样，以后给当地供应商付款都要通过财务公司。这样的异地支付，不仅时效有问题，而且转账费用也比同城高许多。一年下来，要多付很多手续费。所以，我们赞成第二种方案，并且希望将一部分结算资金保留在当地银行。"张友鹏说："资金都应该集中到财务公司来。异地结算的费用问题，我们要测算一下。结算时效问题，我们再和银行确认一下。"白主任嘟囔道："资金都划走了，我们用什么来完成利润……"

北京结算中心的黄主任听了白主任的一番话，也道出自己的苦水："现在银行对我们的支持很大，每年都提供 10 多亿元贷款。银行还配合我们进行资金的托收和实时上划归集，这些业务对我们很重要。银行之所以配合我们，是因为我们在银行沉淀了一部分资金。当初我们就和银行说好，银行帮我们做好结算，我们就把资金存在那里。现在，成员单位都到财务公司来开户，银行帮我们收妥了资金，当天就划到财务公司来。银行还会愿意帮我们做结算？换成我是银行，我也不愿意只干脏活、累活，为他人做嫁衣裳。我估计，银行提供给我们的贷款总额肯定会下降。财务公司如果能解决我们的所有贷款问题，我们没有意见。如果不能解决，影响到企业的生产经营，这可不是小事。"

装备工程板块的袁主任接着追问："银行帮我们最大限度地集中资金，并且授予成员单位一定的透支额度，每天的资金透支在日终时再从我们的总账户补平。如果到财务公司来开户，财务公司也能这么做吗？"

见张友鹏不回答，水泥板块的白主任说："水泥企业的商业汇票结算占到总结算量的一半以上。现在各家公司收到银行承兑汇票后，为了防范风险，当日必须存到结算中心，我们汇总后统一交到商业银行托管。"矿业集团的冯主任见有人提出此问题，赶紧插话："不仅你们，我们矿业板块，还有混凝土板块、装备工程板块，都是这样管理的。"白主任接着说："银行还为我们进行票据真伪的鉴别、到期自动托收。我们现在正跟银行谈，准备将几个重点城市联合起来，依托银行建立全国的票据池，实现票据的动态质押。财务公司能做到吗？更重要的是，我们准备用这些存量票据进行贷款融资，如果都交到财务公司来，财务公司能贷多少？财务公司的资金实力和金融服务没法和银行比。财务公司对成员单位提供的内部管理也不如结算中心。"

"那我们还成立财务公司做什么？我个人希望最好维持现状。"白主任终于忍不住说出了自己的想法。整个会场立刻炸开了锅。

5. 尾声

张友鹏回到办公室，下午的会议让他感觉很挫败。本来讨论的主题是财务公司和结算中心的业务流程整合，而现在应不应该设立财务公司都受到了质疑。这件事到底是怎么啦？

成员单位、板块结算中心、财务公司、银行之间的任一关系处理不好，都会产生很大影响，往小处说会影响集团的经营和资金流转，往大处说会影响集团战略的实现。作为整个集团资金管理的负责人，张友鹏深感责任重大，设立财务公司一事，看来还得从长计议……

启发思考题

1. 天泽集团为什么要实施资金集中管理？其内外部推动因素是什么？

2. 天泽集团的资金集中管理经历了哪些阶段？每一阶段管理模式的特点是什么？解决了什么问题？

3. 天泽集团设立财务公司的过程中产生了哪些意见分歧？支持结算中心并入财务公司的理由是什么？反对的理由是什么？

4. 你认为财务公司的设立遇到难题的根本原因是什么？

5. 假定你是天泽集团的财务负责人，你建议财务公司与结算中心的业务流程如何整合？

教学目的与用途

1. 本案例主要适用于"财务管理"课程中内部资本市场的教学，也适用于"财务会计"课程关于企业集团资金收付核算的教学参考。

2. 本案例适用对象：MBA、EMBA、MPAcc、金融专业硕士、企业培训人员，以及经济类、管理类专业的高年级本科生及研究生。

3. 内部资本市场是企业进行内源融资、满足投资需求的重要途径，合理有效的内部资本市场能够缓解外部融资约束、提高企业资源配置的效率。本案例以兼具 H 型和 M 型组织结构特征、实施多级资金集中管理的企业集团设立财务公司遇到的难题为重点，通过教师的引导和学生的深入讨论以达到如下教学目的：

（1）理解内部资本市场的含义，了解内部资本市场的作用。

（2）了解企业集团资金集中管控与内部资本市场之间的关系。

（3）理解当实施纵向多元化的 H 型企业集团同时具有 M 型企业的组织特征时，企业战略和组织结构特征对于内部资本市场资本配置效率的影响。

（4）思考多元利益主体、多层委托—代理关系将给内部资本市场资源配置带来的挑战，以及应对调整的策略。

理论依据与分析

　　1. 什么是内部资本市场？资金集中管理与内部资本市场的关系是什么？天泽集团内部资本市场是何时形成的，动因是什么？

　　内部资本市场（internal capital market，ICM）的相关研究始于20世纪中叶的美国。Alchian（1969）在对通用电气公司的研究中发现，内部资本市场比外部资本市场竞争更激烈，能给投资项目提供更可靠的消息，能节省交易成本，能解决困扰外部市场的激励问题。Williamson（1975）提出，在M型组织结构、具有多元化经营特征的联合大企业中存在内部资本市场。随着企业组织创新以及相关研究的深入，Khanna and Palepu（1997）提出在H型控股企业集团中同样存在内部资本市场。王晓红（2012）认为，外部资本市场信息不对称和代理人问题，导致资源配置效率低下，企业转而依靠内源融资，内部资本市场逐渐兴起。周业安和韩梅（2013）认为：当企业拥有多个业务部门（或公司）时，为了追求整体利益的最大化，需要将各投资机会产生的现金流集中起来进行重新分配，以提高内部的投资效率。这种对在不同业务部门（或公司）间的资金再分配形成了内部资本市场。

　　对于内部资本市场的定义，不同的学者提出了不同的观点：（1）将ICM定义为一种行为，如Alchian（1969）和Williamson（1975）认为内部资本市场是企业各部门围绕资金展开竞争的现象；李艳荣和金雪军（2007）认为只要实质上造成资源或利益在成员单位之间转移，就把其看作一种内部资本交易行为，并把这种交易行为的总和称为内部资本市场。（2）将ICM定义为一种机制，如Peyer and Shivdasani（2002）认为内部资本市场是企业各部门分配资金的一种机制；唐哲军（2008）认为内部资本市场是以拥有企业剩余控制权为基础，对以资金为主的企业综合性资源在多层级企业内部实行集中融资、统一分配的一套资源配置机制。

　　魏明海和万永良（2006）概括了九种ICM运作方式：（1）集团内部的借贷；（2）集团内产品或服务往来；（3）集团内资产、股权转让；（4）集团内担保；（5）集团内委托租赁存款；（6）集团内委托投资、增资；（7）集团内票据贴现融资；（8）集团内部的资产租赁；（9）代垫款项。企业集团资金集中管理的目的是灵活有效地调节集团内部资金的流向，协调各成员企业间的资金矛盾，盘活企业集团有限的资金，防止发生支付危机，保证资金流动的均衡性和有效性，实现企业集团经营战略（刘菁，2007）。资金集中管理涵盖了内部借贷、担保、委托租赁存款、票据贴现融资、内部委托投资等多项业务，是企业内部资本市场运作的主要方式。

在发展初期，天泽集团的下属企业数量不多，资金分散管理。各地公司将闲置资金存放到当地银行，当个别公司发生资金短缺时，主要从当地的银行获得贷款。公司间没有资金往来，依托外部资本市场进行资金的配置。

随着集团规模迅速扩大，子公司和参股企业的数量及资金量迅速增加，公司间的资金往来越来越多。由于银行掌握的信息不如企业，资金在不同单位之间难以有效运转。这时天泽集团通过建立结算中心将分散在各公司的资金集中起来管理，成员单位在结算中心存款或贷款，各板块通过总部完成板块间的资金调剂，形成内部资本市场。原本在外部资本市场完成的部分业务转到内部资本市场完成（见图3）。

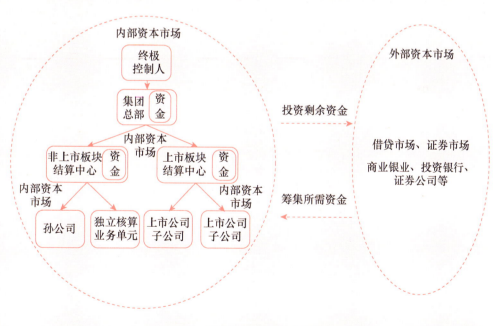

图3 天泽集团内部资本市场

天泽集团资金集中管理覆盖了内部资本市场的主要业务，即内部借贷、内部担保、集团内部委托租赁存款、内部委托投资、票据贴现等。资金由各成员企业管理时，由于没有统一的管理和信息平台，资金和信息分散，资金在成员单位间的配置零星发生，很难形成一定规模的内部资本市场。通过结算中心实施资金集中管理后，资金在成员单位间的交易（配置）效率提高，交易次数增加，内部资本市场规模变大。资金集中管理成为推动内部资本市场的重要因素。

从开始的 1 家企业发展到 200 多家企业，天泽集团的规模和资金量不断增长，企业间的资金交易次数和金额越来越大，保证了在内部资本市场创造的利润（或节省的费用）大于内部资本市场的运行成本，从根本上促进了内部资本市场的发展壮大。财政部、国资委发布的有关资金集中管理的政策，为天泽集团这家国有企业建立内部资本市场起到了指导作用。由于我国金融业利率市场化放开较晚，存在较大的存贷利率差，天泽集团通过建立内部资本市场部分替代外部资本市场，使利润留在企业集团内部，直接提高了企业的资金利用效益。

2. 天泽集团内部资本市场的发展经历了哪些阶段？为集团发展起到什么作用？

天泽集团在 2005 年开始对资金逐步进行集中管理，内部资本市场发展经历了 5 个阶段，见图 4。在规模较小时，天泽集团以法人公司为单位分散管

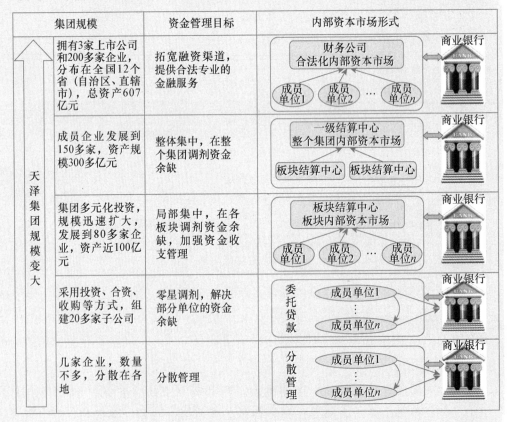

图 4 天泽集团内部资本市场发展阶段

理资金，成员企业间的资金调剂通过商业银行完成。随着规模的增大，集团开始对资金进行集中管理，统一调度和使用资金，将资金准时投放到效益最高的地方，成员企业需要相互支持配合才能快速发展，先后建立板块结算中心和集团资金池。当企业规模更大时，需要设立有金融机构资格的财务公司，进行专业化管理。

一般认为，内部资本市场能发挥资本配置、缓解融资、监督激励等作用。

（1）资本配置作用。Williamson（1975）的研究表明，多元化、大型的集团公司总部可以将资金集中管理，投向效益更高的领域。Stein（1997）也认为，具有信息优势的企业总部通过各部门间的相互竞争，对企业内部各投资机会实行"优胜者选拔"（winner-picking），然后按回报率进行高低排序，并将有限的资本分配到边际收益最高的部门，因而 ICM 具有活钱效应（smarter-money effect）。从企业集团内部获取信息成本较低且更加迅速，相比 ECM（外部资本市场）具有信息优势，资金转移更灵活（王化成，2011）。

（2）缓解融资作用。多元化公司可以将其内部资本市场上不完全相关的现金流进行整合，提高公司整体的财务协同效应，降低公司陷入财务困境的可能性，缓解企业面临的信用约束，具有多钱效应（more-money effect）功能（Lewellen，1971；Stein，1997）。通过内部资本市场能以较低的融资成本取得更多的资金，可以利用各分部资金供需时间差在集团内部调剂使用，降低对外部资本市场的融资需求。

（3）监督激励作用。与传统的外部资本市场相比，内部资本市场通过完整的账面记录和资料进行审计，有利于集团总部对投资项目的事前审核和事后监督（Williamson，1975）。企业集团总部拥有剩余控制权，会更努力地使 ICM 在资本配置和管理上更有效（Gertner et al.，1994）。万良勇（2006）的研究表明，在 ICM 中，高层经营者出于自利目的将利用其信息优势及内部审计、绩效考核等多种内控工具对下属公司进行更有效的监控。

天泽集团建立内部资本市场，发挥了资本配置、缓解融资、监督激励方面的作用。资本配置是内部资本市场的最重要作用，通过资金集中管理有效地支持了天泽集团的发展和多元化战略的实现。从 2000 年起，集团立足水泥行业，先后在装备工程、混凝土、房地产等领域进行多元化投资，规模迅速扩大，资产从不到 100 亿元增加到 600 多亿元，成员企业增加到 200 多家。内部资本市场的直接效益是降低了集团总体财务费用，并给各成员单位和板块管理部门带来了收益。由于集团尤其是板块内部的信息不对称程度大大低于外部资本市场，资金使用的监督与激励作用增强。天泽集团内部资本市场在资本配置和监督激励方面的效果如表1所示。

表1   天泽集团 ICM 的资本配置与激励监督作用

资金管理阶段	资本配置与激励	监督
财务公司（拟建）＋结算中心	通过多种外部低成本融资和内部的资金再分配，大幅降低整个集团的融资成本，提高资金收益	资金的筹集和使用不仅有内部监督，还有外部监管
设立多级结算中心	有更多闲置资金用于内部贷款，获得大量高额的贷款利息收入	资金在集团内流动可以全程监督
按板块设立结算中心	内部贷款收取的利息留在结算中心，避免采用外部贷款将利息支付给银行	在板块内部选择优质借款人，并全程监督；将板块的闲置资金集中到结算中心，选择收益更好、风险更小的项目进行贷款；委托结算中心对外或对内转账，可以全程监督资金使用
银行委托贷款	闲置的资金获得相当于贷款利率的收益，只需支付银行委托手续费	可以选择信用好的成员企业进行贷款，属同一集团下，获得的信息多于银行，风险相对减少
分散管理	资金闲置，获得少量的活期、定期存款收益	银行完成放贷或投资，利用银行本身的信用做担保，无法监督资金的使用效果

在缓解融资约束上，一方面，通过集中资金，可随时调配的资金总量和资金的总体稳定性增强，还贷实力增强，从而在与银行的谈判中地位提高，能够获得更多的融资授信额度；另一方面，集中资金后，通过内部贷款、票据贴现等方式，直接将资金融通到资金缺口企业，从而减少资金缺口企业在外部资本市场的融资总额。具体分析见表2。

表2   天泽集团 ICM 缓解融资约束的效果

资金管理阶段	授信额度	外部融资
财务公司（拟建）＋结算中心	增加银团贷款、同业拆借、票据转贴现、信贷资产转让等融资方式，拓宽融资渠道，提高授信额度	通过内部自营贷款、委托贷款、票据内部贴现、融资租赁等减少外部融资
设立多级结算中心	集团总部出面与银行签订授信协议，不同板块现金流汇总后，还贷现金流更稳定，提高总的授信额度	集中多板块资金，更多资金用于内部贷款，减少外部融资
按板块设立结算中心	板块出面与银行签订授信协议，同每家法人公司独立与银行签订授信协议相比，实力增强，提高总的授信额度	通过板块内部贷款减少外部融资
银行委托贷款	与分散管理相比授信额度变化不明显	通过成员企业间的委托贷款减少向银行贷款
分散管理	法人公司利用自身实力分别与银行签订授信协议	法人公司根据自己资金的余缺状况分别向银行贷款

3. 天泽集团的组织结构特征对内部资本市场资本配置效率有什么影响？

内部资本市场虽然在内部资源配置方面发挥着重要作用，但如果配置效率低下，也会对企业的价值产生较大的破坏性。内部资本市场资源配置效率低下可能引发的对企业价值的破坏具体表现为：（1）过度投资。内部资本市场聚集更多的现金流入和规模融资优势，较多的自由现金流极易诱发公司经理的过度投资行为（Stein，2001）。（2）交叉补贴。多元化公司存在代理问题和内部信息不对称，会导致企业总部在进行资源再配置时出现对于好的部门投资不足，而对于差的部门却投资过度的"交叉补贴"问题或"平均主义"现象（Shin et al.，1998；Scharfstein，1998）。（3）减弱下属企业激励。内部资本市场有利于资产的优化配置，但是容易抑制部门经营者的努力动力（Robert，1994）。当控制权赋予总部时，部门经理增加管理努力的激励将会减弱（Scharfstein and Stein，1994）。（4）代理问题。多元化企业内部各经营单元的经理有动机进行寻租活动，甚至与CEO默契配合，共同侵占或伤害外部投资者利益，以换取个人较高报酬或优越的资源分配（Scharfstein and Stein，2000）。

对于企业集团的组织结构与内部资本市场的配置效率之间的关系，现有研究有更加深入的发现。在复杂的组织结构下，形成多层的委托—代理关系更容易产生内部资本市场配置效率低下问题。公司内部管理的组织形态一般可以分为U型、M型和H型三种基本类型。其中，U型结构是一种高度集权、按职能划分部门的一元结构，在形式上较接近传统企业。随着企业经营规模与业务范围的扩展，在企业拓展多元化经营的过程中，U型结构会向M型与H型结构转变。在分析组织结构对ICM的影响时，一般均从M型与H型结构入手进行分析。

M型公司一般按产品、服务、客户、地区等设立半自主性的经营事业部。事业部是独立核算的利润中心，但不具有投融资的决策权。集团总部行使投融资决策权，掌握集团内的全部资金，定期对事业部进行考核。在M型公司的资本配置中，各事业部相互竞争，企业内部模拟市场运作，形成企业内部资本市场（卢建新，2008；张雪峰，2013）。Williamson（1975）最早提出ICM的定义时，认为M型联合大企业就是ICM，这从一个侧面反映出M型结构是ICM天然的组织载体。冯丽霞和孙源（2008）以M型公司运行机制为切入点，归纳出ICM资本配置功能的条件：（1）多层级组织结构、由层级关系产生总部投资决策的权威，即总部的投融资决策权。（2）总部能够掌握更多的项目信息，企业内部在信息传递与获取方面具有优势。（3）企业资产使用者与剩余控制权人身份重合，有单一的产权主体。

H型组织结构较多地出现于横向合并形成的企业中，下属子公司具有独立的法人资格，是相对独立的利润中心。由于H型结构多法人的组织特征与复杂的产权关系，每一层级都是投融资决策中心，因此在管理过程中协调各子公司的利益比较困难，导致内部资本配置成本增加，内部资本配置效率降低。同时，过于复杂的结构使得总部的信息优势与监督优势无法完全发挥（赵霞，2008）。除此之外，H型企业更具有过度多元化的趋势，可能由于过度多元化导致组织过大、层级过多，损害信息传递与监督的有效性，加重代理问题，增加资本配置成本。非相关多元化投资行业过多时，项目之间的差异大，一方面容易引发交叉补贴现象，另一方面在"挑选胜者"的过程中容易出现决策失误（王峰娟和邹存良，2009）。这些都可能降低内部资本市场的资本配置效率。

天泽集团采用纵向多元化的扩张方式，在管理组织上，按照行业的不同成立不同的板块。同一板块下，按照地区、项目或业务的不同在当地注册法人公司。各板块自主独立经营，拥有日常经营所需流动资金的融资权、闲置资金的投资理财权（不含对外资本支出）。成员单位执行板块的经营决策，没有投融资决策权。各板块对外重大投资、注册资本增减、发债融资等则由集团总部统一管理。因而，天泽集团是H型组织但是兼具M型特征，具体分析见表3。

表3 天泽集团的组织结构特征分析

项目	M型（事业部制）	H型（控股型）	天泽集团
实体性质	单一法人实体，事业部不是独立的法人实体	多法人实体，母、子公司和中间产业控股公司都是独立法人	同H型
多元化类型	相关多元化为主	离心多元化为主	同M型
中间管理层职责定位	事业部是利润中心，不是投资中心	产业控股公司以及各子公司既是利润中心也是投资中心	同M型
各层级管理权限划分	集团总部：投资中心 事业部：一级利润中心，中间管理层 成员企业：次级利润中心和成本中心	母公司：一级投资中心 产业控股公司：次级投资中心和一级利润中心 子公司：基础的投资中心和次级利润中心	同M型

续前表

项目	M 型（事业部制）	H 型（控股型）	天泽集团
投融资决策权	由总部掌握，事业部不具有投融资决策权	控制权与决策权分散，母公司只能通过所掌握的控制权对子公司的投融资决策进行控制	同 H 型
资金调剂方式	资金直接配给	在子公司之间追加或减少投资，对大量的关联交易进行资本配置	兼具 M 型、H 型特征
资金管理组织形式	多采用内部银行与资金结算中心形式，对内部资金进行统收统支	子公司独立法人地位使得母公司无法直接进行资金的统收统支，大多通过财务公司集中管理资金	兼具 M 型、H 型特征

天泽集团采用 H 型企业法人治理结构，产权结构清晰，方便得到当地工商、税务、银行、政府的支持；采用 M 型的管理结构，便于各板块发挥管理上的专业优势，减少管理层次，发挥规模经济，集团总部可以集中精力处理重大的战略问题。天泽集团的 H 型兼具 M 型的企业组织结构，在集团内部实际上形成了三层委托—代理关系。天泽总部管理层是外部股东的代理人，外部股东先将资金分配权委托给总部管理层，总部管理层再将资源运用的部分权力委托板块管理层，从而形成第二层委托—代理关系。板块管理层再将资源运用的部分权力委托给成员企业经营层，从而形成第三层委托—代理关系。具体如图 5 所示。

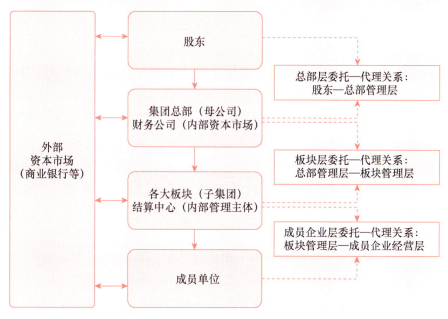

图 5 天泽集团 ICM 参与主体和委托—代理关系

H 型兼具 M 型的企业组织结构以及三层委托—代理关系对天泽集团内部资本市场资源配置效率的影响如下:

(1) 集团总部在资金融通和配置上具有高度的控制权,有利于提高资本配置效率。虽然天泽集团本质上属于投资控股集团,下属子公司大多是独立法人单位,但是产权高度集中,能够像 M 型企业一样利用总部的权威进行资金分配,满足了 ICM 发挥作用的基本条件,使得集团资金集中管理得以顺利实施,并支持了企业战略的实现。但是由于下属子公司达 200 多个,即使实行纵向多元化投资,其所处行业及企业资金运行特点和管理要求也存在很大差异,加上长期按照板块实施管理,集团总部直接管理具体资金活动不具有信息优势,资本配置效率可能会受到经理寻租行为的影响,或出现交叉补贴现象。这个问题在设立财务公司阶段体现得最明显,下属单位反对结算中心并入财务公司的主要原因也在于此。

(2) 板块管理层具备 M 型企业的事业部特征,不是独立法人和投资中心,总部保留重大融投资决策权,板块管理层受托管理各板块的经营活动和资金活动。这种职责定位和管理权限划分有利于集团总部资金分配权的行使,板块管理层的信息优势也有利于更好地鉴别成员单位经理人所提供信息的真伪,对项目进行分析比较,优化资源配置。但是,由于板块管理层不是下属子公司的直接投资者,不具备剩余控制权,或者不具备资产使用者与剩余控制权人双重身份,使得监督激励的动力下降,容易出现过度投资或者代理问题。实际上该问题从天泽集团按照板块设置结算中心起就存在,当准备设立财务公司时,一些下属成员单位要求将结算中心业务并入财务公司就凸显了该问题。

(3) 下属成员单位大多是独立法人单位,但是股权高度集中,ICM 资本配置不会引起投资者之间的利益冲突,产生控制权与现金流权分离的问题。这是天泽集团内部资本市场运行的一个基础。然而,天泽集团虽然没有实施离心多元化投资,但是下属成员单位过多,项目之间的差异大,如果资金管理的权限设置高度集中,一方面容易引发交叉补贴现象,另一方面由于决策者能力所限,在"挑选胜者"的过程中容易出现决策失误。这也是一些成员企业反对将结算中心业务并入财务公司的原因之一。

4. 天泽集团内部资本市场发展中利益分配格局的变化是怎样的?

在建立内部资本市场时,涉及成员单位、板块管理层、集团管理层、银行等多方的利益。天泽集团资金管理经历了分散管理、银行委托贷款、设立板块结算中心、设立多级结算中心,以及设立财务公司多个阶段,各方利益格局的变化如图 6 所示。

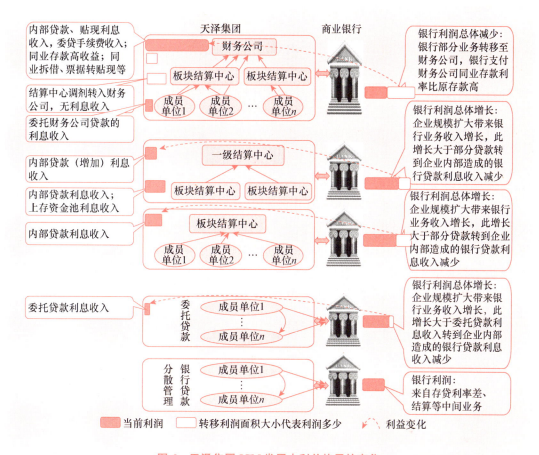

图6 天泽集团ICM发展中利益格局的变化

（1）在分散管理阶段，成员单位在银行完成资金的调剂融通，存贷款的利率差形成银行的利润，银行按市场方式运作。

（2）从分散管理发展为银行委托贷款时，原来属于银行的自营贷款利息收入部分转移到企业的委托方。银行从收取高额的利息变成收取较低的手续费，但因贷款风险转移到委托方，加上企业业务的增长，银行与企业的利益冲突并不明显。

（3）设立板块结算中心后，部分银行贷款转成结算中心内部贷款，利润反映在结算中心。成员单位在结算中心存贷款，成员单位和结算中心的利益冲突是重点。按市场定价成为协调成员单位和结算中心利益冲突的关键。由于集团规模变大导致业务增长，银行的利润整体呈上升趋势。

（4）设立多级结算中心后，板块的部分资金被集中到集团总部，板块和总部产生了利益冲突。总部和板块按市场机制分割新增利益后，利益冲突得以缓解，集团的利益最大化。银行的部分利益转移到企业内部市场，同样由于集团规模变大导致业务增长，银行收益仍在上升。

（5）设立财务公司后，财务公司的业务替代了银行的部分业务，同时也替代了结算中心利润较高的内部贷款业务。财务公司为成员单位提供更多的金融服务，由于同业存款利率较高，同业拆借、票据转贴现、信贷资产回购等融资业务成本低，财务公司将得到高额利润。成员单位可委托财务公司发放贷款、进行票据贴现，实现利益增加（或费用减少）。银行利益减少，为成员单位服务的积极性下降；结算中心的利益被直接划到财务公司，结算中心（代表各大板块）与财务公司（代表集团总部）爆发利益冲突。由此可见，设立财务公司的困境实质上是各利益主体之间的激烈冲突造成的。

5. 如何破解设立财务公司的难题？

根据上述分析，三层委托—代理关系导致的代理问题，以及利益主体利益失衡问题，是天泽集团陷入财务公司设立困境的本质原因。针对上述问题提出的破解建议如下：

（1）成立财务公司，同时保留结算中心。随着天泽集团的规模扩大，成立金融机构是大势所趋，但是取消结算中心不论从 ICM 的资源配置效果还是从流程再造的交易成本来说，都不是明智之举。

（2）明确财务公司和结算中心的职能。财务公司提供金融服务，结算中心行使资金管理职能，仍负责内部结算和资金计划等，避免双重管理。

（3）将结算中心由利润中心改为成本中心。调整绩效考核标准，将财务公司成立后减少的利润从结算中心考核指标中剔除。不仅如此，综合考虑缺失的剩余控制权对于板块管理层和结算中心的影响，设计更好的激励制度。

（4）根据集团发展战略，编制中长期投资计划和融资计划，确定投资重点。编制年度投资计划和配套的年度资金预算，财务公司参照年度资金预算发放贷款。通过制定项目贷款风险测评方法，保证新项目的资金并降低风险。

（5）银行是企业发展不可或缺的伙伴。集团应该保障银行合理的利益，按照优质优价的市场原则，引入银行竞争，选择融资、结算、归集服务、票据服务好的银行作为主办行。集团总部与银行签订集团授信协议，再分给各板块和成员单位。

补充知识 1：企业集团资金集中管理介绍

单一企业的资金管理主要包括企业资金的筹集、运用、收回与分配。为满足企业日常资金支付需要，防止发生意外支付时资金链断裂，满足不寻常的购买机会，需保持最佳的现金持有量。资金管理的目标是使机会成本、管理成本、短缺成本三项之和最小，保证资金的流动性和盈利性。资金管理需要做好企业日常资金的收支管理，加速资金周转。

企业集团资金管理的目标是实现资金在集团整体的收支均衡、有效流动。收支均衡是指集团整体资金的流入等于流出，满足企业日常经营所需，同时资金的闲置最少。有效流动是指资金在各成员企业间有效配置，将资金用于盈利水平高的项目。

企业集团资金集中管理的动因：由于成员企业众多，不同成员企业在不同时期，资金的头寸和资金的需求不一样，存在相互调剂的空间。在分散管理下，成员企业在资金短缺时各自进行外部融资，总体融资规模大，成本高。通过集中管理，成员企业间相互调剂，可减少外部融资。图7显示了企业集团内部资金调剂情况。

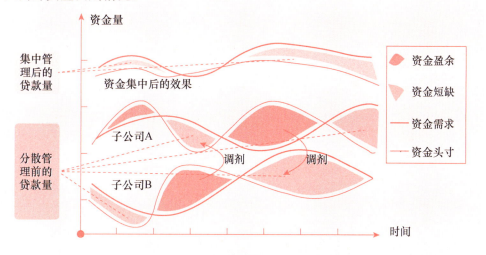

图7　企业集团内部资金调剂图

除了调剂成员企业的资金余缺外，企业集团的资金集中管理目标还包括：对大量使用商业汇票结算的企业，盘活商业汇票，使商业汇票与现汇资金按需转换，商业汇票在成员企业间合理配置；通过信息系统实时掌握集团整体资金的收支和存量；通过高效的内部结算，避免资金通过商业银行结算，在体外循环；实现统一的筹资和投资管理，降低筹资成本，提高投资收益；通过对成员企业资金的收支、资金的筹集和使用全程实时监控，控制资金运作风险。图8显示了企业集团资金集中管理的目标。

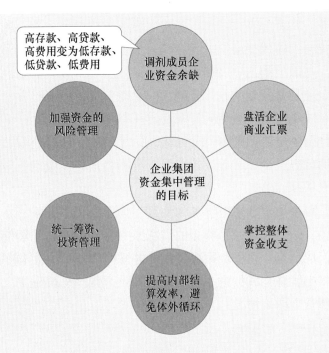

图 8　企业集团资金集中管理的目标

补充知识 2：中国企业集团常见资金管理模式

　　表 4 列出了根据资金管理水平从低到高，中国企业集团在实务中常见的资金管理模式。

表 4　　　　　　　　　　　　　企业集团资金管理模式

序号	资金管理要求	资金管理模式	账户开设模式	资金管理机构设置
1	分散管理资金	分散管理，定期上报报表	分散开户	财务部
2	分散管理，集中监控	分散管理，实时集中监控	分散开户	财务部
3	分散管理，大额审批	分散管理，大额支出会签	分散开户	财务部
4	分散管理，支出审批	分散管理，集中办理收支	分散开户	支付共享服务中心

续前表

序号	资金管理要求	资金管理模式	账户开设模式	资金管理机构设置
5	零星资金调剂	分散管理，零星办理委贷调剂	分散开户	财务部、资金部
6	零星资金调剂	分散管理，通过内部往来调剂	分散开户	财务部、资金部
7	大额资金集中管理	大额资金集中管理，统一调配	分散开户	财务部、资金部
8	资金集中使用，分散收支	依托银行集中资金，日常收支由成员企业通过银行办理	集团账户	财务部、资金部
9	资金支出总额审批	集中管理，收支两条线——定期按总额下拨	开设收支账户	财务部、资金部
10	资金支出逐笔审批	集中管理，收支两条线——逐笔下拨	开设收支账户	财务部、资金部
11	自动按日进行资金的调剂	集中管理，现金池零余额管理，先透支，后补平余额	银行委贷现金池，开设透支账户	财务部、资金部
12	资金结算、存量资金、融资集中管理	集中管理，统一对外结算，资金统一调剂	开设内部账户（开设银行账户）	结算中心
13	分板块、分上市与非上市集中管理	设立多个结算中心，结算中心间独立开展业务	开设内部账户（开设银行账户）	设立多个结算中心
14	多板块、多区域整体融通	设立多级结算中心，结算中心间有资金往来，如结算中心间资金拆借、代理付款、跨结算中心转账	开设内部账户（开设银行账户）	设立多级结算中心
15	提供金融服务	集中管理，统一对外结算，统一调剂，提供金融服务	开设内部账户（开设银行账户）	财务公司
16	提供金融服务	依托财务公司实现收支两条线、多级资金集中、开设集团账户	开设内部账户（开设银行账户）	财务公司
17	资金内部管理，提供金融服务	在结算中心实现收支两条线、多级资金集中，在财务公司统一对外结算	开设内部账户（开设银行账户）	财务公司＋结算中心
18	分区域管理，提供金融服务	财务公司在不同地区设置分支机构，为当地成员单位提供金融服务	开设内部账户（开设银行账户）	财务公司设立分支机构＋结算中心

我国企业集团典型的资金管理模式如图9至图15所示。

资金管理典型模式——统收统支为主

权力分配模式	资金流动模式	账户开设模式	典型场景
高度集权	收入资金完全集中；支出资金按计划集中结算	取消成员单位银行账户，统一在集团开设内部账户	经营权在总部，地理位置集中；内部有独立核算的非法人单位；严控资金的收支

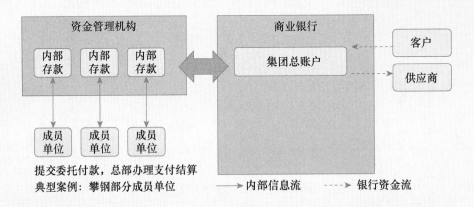

图 9　资金统收统支管理示意图

资金管理典型模式——收支两条线

权力分配模式	资金流动模式	账户开设模式	典型场景
高度集权	收入资金完全集中；支出资金按计划下拨，可逐笔下拨或定期总额下拨	成员单位在银行分别开立收支账户，在集团开设内部账户	经营范围最广的管理模式；定期按总额下拨时，企业有一定自主权；企业对外自主结算，资金实现集中

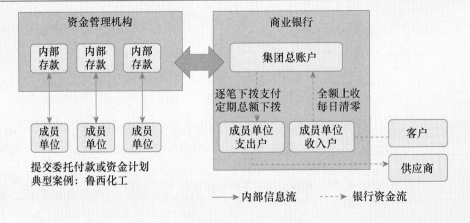

图 10　资金收支两条线管理示意图

资金管理典型模式——松散定额管理

权力分配模式	资金流动模式	账户开设模式	典型场景
相对集权	超过一定额度上收，支出资金按计划下拨	成员单位在银行开设结算账户，在集团开设内部账户	适合有较大经营自主权的企业；考虑成本原则，松紧结合的模式；实现主要资金的集中，集团总部工作增加不会太多，日常结算仍由成员单位办理

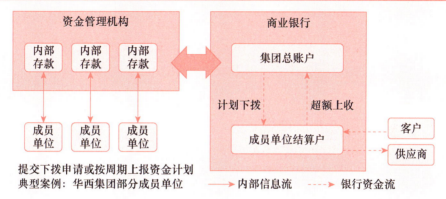

图 11　资金松散定额管理示意图

资金管理典型模式——分散统管

权力分配模式	资金流动模式	账户开设模式	典型场景
分散管理	各自收支	各自到银行开设账户	成员单位在地理上分散，需要独立的经营自主权；考虑外部监控要求，不进行法人间的资金集中管理；集团不对成员单位资金进行归集，成员单位日常支出（大额）经过集团审批，或者集中出纳，集中办理结算

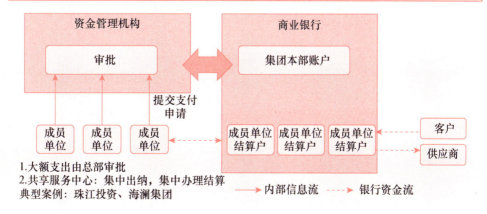

图 12　资金分散统管示意图

资金管理典型模式——资金监控

权力分配模式	资金流动模式	账户开设模式	典型场景
权力分散	收入、支出独立进行	独立开设账户	小型企业集团、资金管理初期；因经营权限、成本、管理力度等原因，不归集资金或集中审批，只对成员单位的日常收支和账户存量资金进行监控

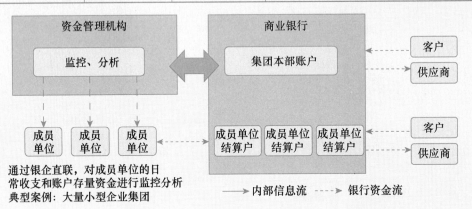

图 13　资金监控管理示意图

资金管理典型模式——依托银行集团账户实现资金集中

权力分配模式	资金流动模式	账户开设模式	典型场景
相对集权	通过银行提供的账户管理和结算功能，实现资金的集中；结算业务仍在成员单位	银行集团账户或相似管理方法（手工划转）	实现资金集中，不影响成员的日常结算

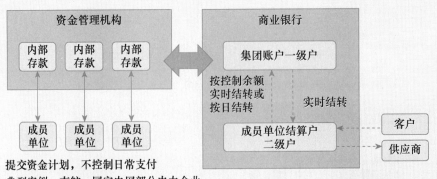

图 14　资金依托银行集团账户管理示意图

资金管理典型模式——依托银行委贷现金池实现成员间资金调剂

权力分配模式	资金流动模式	账户开设模式	典型场景
相对集权	通过银行一揽子委贷协议，实现自动的委托贷款	现金池	成员企业中既有现金流量充足的企业，也有现金缺口较大的企业；通过银行系统建立现金池，划拨体现明确的借贷关系

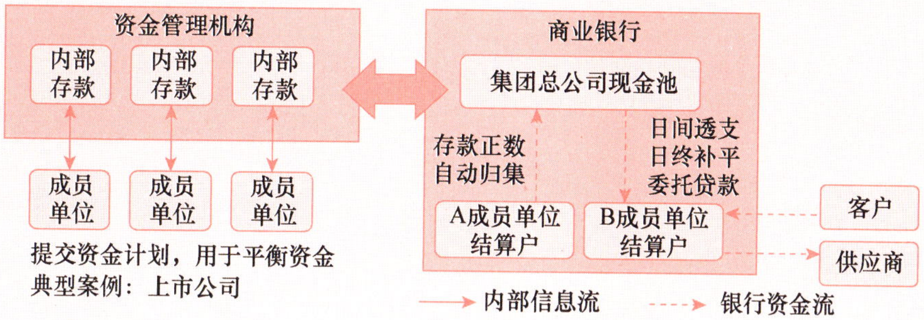

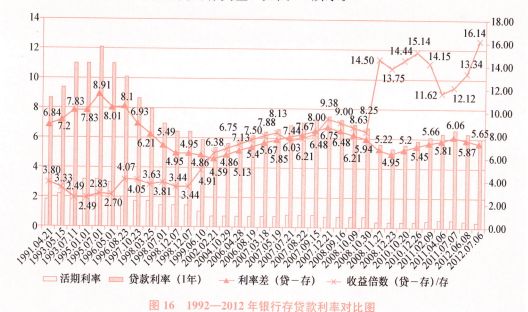

图 15　资金依托银行委贷资金池管理示意图

补充知识 3：中国 1991—2012 年存贷款利率

外部市场也是促使企业建立内部资本市场的因素。中国的利率市场化起步晚，一直保持着较高的存贷差，如图 16 所示。

图 16　1992—2012 年银行存贷款利率对比图

资料来源：中国农业银行网站，http://www. 95599. cn/cn/PublicPlate/Quotation/bwbll/201012/t20101213_45404. htm（作者按同一时点存贷款利率整理）。

课堂计划建议

本案例可以用于专门的案例讨论课，下面是按照时间进度提供的课堂计划建议，仅供参考。

建议在"财务管理"课程的内部资本市场专题中讨论，或者在"财务会计"课程介绍货币资金核算以及收入费用核算之后讨论。整个案例课堂讨论控制在80～90分钟。

课前计划：教师提前1～2周发放案例正文，要求学生课前阅读，按照启发思考题对案例进行初步思考。

课堂讨论前言：教师简明扼要地介绍讨论主题。（2～5分钟）

分组讨论：每组4～5人，通过讨论交流，深入理解天泽集团内部资本市场的建设过程和案例企业面临的决策困境。（20～25分钟）

引导讨论：教师可以按照教学规划设计问题，引导学生深入讨论案例企业资金集中管理的过程、内部资本市场的表现形式、内部资本市场的作用等，在课堂讨论的高潮提出案例企业设立财务公司的难题，询问学生问题的本质和解决方案，促使学生真正理解内部资本市场的相关理论和知识，思考影响内部资本市场资本配置效率的关键因素。（控制在55分钟内）

讨论总结：教师对案例讨论进行归纳总结，进一步提出发散性问题，让学生课后思考。（5分钟）

主要参考文献

[1] 王化成等. 基于中国背景的内部资本市场研究：理论框架与研究建议 [J]. 会计研究, 2011 (7)：28-37.

[2] 杨棉之, 孙健, 卢闯. 企业集团内部资本市场的存在性与效率性 [J]. 会计研究, 2010 (4)：50-56.

[3] 周业安, 韩梅. 上市公司内部资本市场研究——以华联超市借壳上市为例分析 [J]. 管理世界, 2003 (11)：118-125.

［4］李艳荣. 内部资本市场视角的企业集团治理研究 ［M］. 北京：经济科学出版社，2008.

［5］万良勇，魏明海. 我国企业内部资本市场的边界确定 ［J］. 中山大学学报（社会科学版），2006（6）：92-98.

［6］王晓红，王新伟，陶夕玥. 企业内部资本市场理论综述 ［J］. 商业时代，2012（8）：88-90.

CHINA
MANAGEMENT CASES
中国管理案例库

时画公司：
影视投资项目财务控制之困

摘要：

本案例讨论了影视投资项目的财务控制和风险管理问题。时画影视文化传播有限公司（以下简称"时画公司"）是一家新进入影视文化行业的企业，与浙江有福公司联合拍摄电视剧。在项目预算、资金管理、项目成本核算、预算调整和项目决算过程中，遭遇了"大小合同""私户公用""杀青后成本核算"等各种问题。困扰时画公司财务管理者的是：到底应该按照母公司的要求，加强项目财务控制，还是应该遵循影视剧拍摄的"行规"，确保电视剧拍摄任务的完成？公司已有的项目财务控制做法能不能作为影视投资项目财务控制制度出台的依据？

关键词： 财务控制；影视投资；项目预算；资金风险

0. 引言

2015 年元旦后的一个傍晚，时画公司财务经理夏娟还未下班。为期三天的集团年度总结大会刚刚结束，参会的同事无不松了一口气，收拾东西快步往家赶。可是夏娟却轻松不起来，她觉得 2014 年发生的一切仍深深地困扰着她。总结大会上，集团首席财务官（CFO）特意指示公司财务部根据以往年度尤其是 2014 年度项目财务控制的经验，总结一下项目财务控制的得失，以便在 2015 年出台一项影视投资项目财务控制制度。CFO 的要求很明确，该制度以后应作为时画公司项目运作的财务控制指南。

突如其来的工作任务让夏娟喜忧参半：喜的是项目财务控制制度如果在2015年度出台，可以对今后项目的管理提供强有力的参照与操作指南，使后续项目财务控制有据可依；忧的是，时画公司成立一年多来摸着石头过河，无论是项目立项、预算控制、资金管理、成本核算还是项目决算及评价，都出现了各种问题。基于不太成熟的经验出台项目财务控制制度，让夏娟倍感压力。时画公司项目财务控制的点点滴滴像过电影一样在夏娟脑海里不断重现。

1. 背景

时画影视文化传播有限公司成立于2013年6月，是致为集团旗下的一家全资子公司。公司注册资本3 000万元，主营影视制作及发行，经营范围包括电影、电视剧、网络视频、广播剧、专栏、综艺节目的制作、发行，以及影视广告、影视策划、信息咨询等。公司计划每年投资制作200～300集电视连续剧，每年投资拍摄4～6部电影，5年内成为国内影视作品产量大、观众认可度高、专业化的影视公司之一。

致为集团是拥有20多年投资经验及广泛社会资源的综合性投资集团。总部位于香港，运营主体设在北京。集团一贯注重"创新实效、合作共赢"的投资理念，在资本市场中持续稳健地成长。自1990年进入中国内地以来，致为集团在金融、工业、地产、消费品、高科技等领域投资数百亿元，通常在被投资企业成长后转让股权退出，或者在IPO后抛售股票退出，积累了雄厚的资本实力。精耕细作、务实稳健是致为集团一直坚持的投资风格，为了进军影视行业，集团投资部进行了大量的数据分析和研究，并且聘请专业咨询机构针对影视行业未来10年的发展情况出具了权威的预测研究报告。

2009年以来，中国政府提出了"以发展文化产业推进经济发展方式的转变"的一系列政策，文化产业门槛降低，社会资本大量涌入。作为文化产业的重要组成部分，影视行业一直是民营资本投资的热点。在国家文化产业政策给予倾斜与民营资本的青睐下，中国影视行业发展迅速。2013年，全年票房218亿元，国产电影票房128亿元，占全部票房总额的59%；2014年，全年票房上升到296亿元，国产电影票房162亿元，占全部票房总额的55%；2015年，全年票房达440亿元，同比增长49%，其中国产电影票房271亿元，占全部票房总额的 62%。电视剧无论是制作量还是播出量都在全球名列前茅。2013 年全国共生产完成并获得国产电视剧发行许可证的剧目有 441 部 15 770 集；获得电视剧生产甲级许可证的机构有 130 多家，电视剧制片业的规模稳居世界第一；2014—2015 年，电视剧创作生产总体态势平稳，每年生产完成并获得国家电视剧发行许可证的剧目有 400 多部 16 000 多集。2010—2014 年国内电影电视行业的总体规模及走势见图 1。

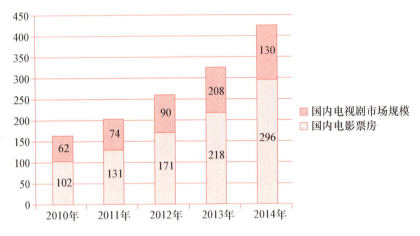

图 1　2010—2014 国内电影电视剧行业总体规模走势图

资料来源：国家新闻出版广电总局；艺恩网，http://www.entgroup.cn.

影视行业成为一个谋取高额回报的投资热点，从华谊兄弟、华策影视、华录百纳、光线传媒公布的 2014 年度财报可以看到，这 4 家上市公司的平均综合毛利率在 43% 左右，影视业务毛利率达 43.47%（影视行业主要上市公司盈利情况表见本案例表 1）。影视行业的暴利和未来发展前景吸引了大批股权私募及风险投资机构（以下简称"VC/PE 机构"），据不完全统计，截至 2015 年 12 月 25 日，文化传媒行业共发生并购事件 166 起，并购总规模 1 500 亿元。其中，影视行业并购 31 起，并购总额高达 508 亿元，位居各细分行业第一，平均单起并购金额达 18.8 亿元；共有 156 家文化企业登陆新三板，其中影视公司有 44 家。文化产业发展的利好使致为集团将目光也投向这个领域，影视企业的"暴利"无疑是致为集团进入文化产业的重要原因。

影视行业的快速发展却抹杀不了它是一个高风险行业的事实。这是一个靠资金堆垒起来的行业，即使是小成本的影视制作最少也要投入 300 万元，一般项目动辄投入 2 000 万元以上，投资上亿元的影视剧屡见不鲜。而中国影视企业的融资渠道狭窄，90% 源于自有资金，剧组资金不济是经常发生的事情。导演、剧本、演员是项目的质量保证，而能否有好的导演、剧本与演员往往与资金投入成正比。项目完成后，能否成功上映或发行，除影片剧目本身的质量与创意外，更多地取决于企业的综合实力与社会资源，投资几千万元的项目最终却无法公映或发行的事情经常发生，"1成暴利9成亏"，说的就是影视行业特有的盈利与风险并存的现状。

2. 项目合作立项，预算初审被驳

背靠大树好乘凉，时画公司成立以来就具有得天独厚的优势。母公司致为集团资金实力强，让时画公司在项目挑选上不受限制，再加上致为集团的创始人陈总是全国政协文化界委员，拥有良好的人脉与资源优势，使时画公司能紧紧跟随影视行业政策的风向标，更好地把握影视行业的发展趋势。

2013年7月，公司第一个电视剧项目《爱情咖啡茶》报请集团投资委员会立项审批。项目商业计划书指出，该剧预计拍摄36集，定位为都市情感题材，预算投资总额为3500万元，由时画公司与浙江有福公司共同投资并联合拍摄。其中，浙江有福公司投资40%（预计1400万元，其中1200万元以现金投资，200万以其持有版权的剧本作价注入），并负责整部电视剧的具体拍摄制作事宜；时画公司投资60%（预计2100万元，全部以现金投资），联合制作并负责该剧的后期发行工作。该剧计划在9月建组筹备，10月开拍，拍摄期3个月。制作完成后未来两年的发行收入预计在6400万元左右，项目投资回报率预计为80%以上，时画公司与浙江有福公司按照6∶4的比例分享最终的发行收益。

浙江有福公司有丰富的电视剧制作经验以及稳定的制作团队，该公司的加入，解了时画公司制作经验不足、业务团队不够成熟的燃眉之急。鉴于此，这个项目整体估算和预算由浙江有福公司主导编制，时画公司配合完成。

集团投资委员会对此项目的市场前景以及未来预期收益都持乐观态度，而对项目3500万元的制作成本预算却一时难下定论。

3500万元的制作成本预算由3400万元的制作费预算以及100万元的税费预算（仅指与项目直接相关的个人所得税预算）构成。制作费预算可以借鉴行业经验值估算，可100万元的个人所得税预算却没有足够的依据。按照现行所得税率，2500万元税后片酬所需承担的个人所得税大约是1100万元，这样算下来，项目预算中主创以及演员的片酬大约是3600万元，加上其他制作费用900万元，整体预算预计达4500万元，而立项书提出的项目预算却只有3500

万元，为此，集团投资委员会成员、夏娟的直接上司、负责集团财务整体运作管理的 CFO 余峰对项目成本预算的合理性、投资回报率的合理性均提出了质疑。

针对投资委员会的质疑，浙江有福公司总经理兼制片人习总却有自己的说法："如果按正常情况来缴纳个人所得税，项目利润空间会被大幅压缩，这对项目未来的发行非常不利；我们公司独立或合作运作过很多项目，我从没有见哪个公司是通过正规途径缴纳个人所得税的，签订阴阳合同或者以其他费用发票来代替个人劳务报酬，已经成为行业惯例。如果咱们项目不这么做，那么仅成本这一项就已失去竞争力。"

习总的说法马上得到项目组成员、时画公司业务总监史亮的支持："阴阳合同，或者说大小合同，是行业惯例，演员一般也都愿意配合。大合同私下保存，作为双方合作的法律依据，小合同大概占原合同总额的 20%～30%，由财务保管，作为记账或缴税的依据。这样 100 万元的税费预算足够了。"

作为在影视行业浸淫几十年的老人，习总的话几乎说服了投资委员会所有成员，但 CFO 余峰坚持自己的意见："用费用发票来代替个人劳务报酬暂且不说，大家都很清楚，发票的来源本身就是个问题；再看大小合同，如果签订了这类合同，下一步付款怎么办？比如说，如果用小合同作为记账的依据，演员报酬只有 20%～30% 由公司支付，并据此纳税，那么剩余的 70%～80% 通过何种途径支付？"

"这个好操作，我以前的公司是由员工借款出去，然后私底下支付给演员的。"史亮说道。

余峰笑着接过了话题："这样操作，资金风险我们先不说，但接下来呢，员工借款拿什么来冲抵？发票是吧？发票从哪里来？肯定是非正规途径。金额小的还好说，员工提供些交通、住宿、餐费类发票来报销，可大小合同的差额达到十多万元，这么大的金额走员工借支，合理吗？提供了从非正规途径找来的发票，是不是还要提供配套的假合同？若审计，是经不起推敲的。这么大额的合同不对公付款，全部是员工借支后现金支付，可信吗？"

"如果通过大小合同避税，使得后面一套都是假的，发票假的，合同假的，承担税务风险不说，员工借支后支付大小合同差额部分，还存在资金监管风险。再说，如果哪天哪个演员倒霉被税务局给查了，我们这些合作过的公司不都被牵扯进去？我们公司是奔着上市去的，这种事情尽量不要做。"余峰一鼓作气道。

说到这里，一直沉默的投资委员会李主席开口了："既然这样，我们就暂不考虑大小合同。财务部门能想出其他的办法来避个税吗？"

"我已经让北京财务部考虑这个问题了，当前我们首选的是通过工作室来解决这个问题。对于成立工作室的演员或主创人员，我们尽量跟他们的工作室签订策划、设计、代理等一揽子服务合同。这样工作室就可以开具相应的发票给我们，虽然合同总额里可能要承担对方工作室的一些税费，但税费相对来说会低得多。"余峰说。

"对于没有工作室的演员，可以说服对方成立工作室，毕竟很多大牌演员都有自己的工作室。如果有的演员实在不愿成立，也可以让他们'挂靠'其他工作室。不过如果这样做，强势的演员可能会让我们承担工作室成立或挂靠的费用，这一块我们可以适当提高合同金额来补偿他们。另外，针对剩下的劳务金额不是太大或者坚持要完税证明的演员，我们就按正常程序代扣代缴。毕竟，劳务支出是电视剧重要的支出，没有缴纳个人所得税也是不现实的。"余峰补充道。

最终，投资委员会暂时没有通过立项审批，而是让北京财务部根据工作室方案与制作人、业务团队等情况对预算税费部分进行重新整理，5天后重新过会。

按照理好的思路，时画公司财务部与项目组争分夺秒地整理资料和计算新的税费。重新过会的日子很快到了，项目组成员这次向投资委员会提交了一份还算满意的方案。新的立项书显示，项目整体预算为3 700万元。双方投资比例不变，预计未来两年内的发行收入6 400万元保持不变，预计项目投资回报率达73%。虽然比原方案多出200万元的项目预算，预期投资回报率也随之降低，但考虑了财务及税务风险，投资委员会最终一致通过了该项目立项。

立项预算通过后将作为项目执行的资金计划指南。可夏娟却并不轻松。走工作室这条路，虽然风险大大降低，并能为公司节约一定的税费，但到底算不算合法合规的途径，能不能长期被公司用来规避税务风险，还需要进一步验证。

3. 私户拿来公用，资金风险难控

项目立项后，时画公司派出业务总监史亮任项目负责人，负责整体统筹与协调工作，派出财务负责人夏娟任项目的财务代表，负责项目核算与决算工作；

浙江有福公司派出习总和杨导演担任总制片和总导演，对该剧的拍摄、制作负责。双方开始《爱情咖啡茶》的前期筹备，如剧组筹备、主要摄影器材的租赁、主要演员档期的二次沟通确认等。夏娟也着手资金的准备工作。时画公司承担的项目资金2100万元很快到位，根据合作协议，双方需设立剧组专用账户，以便双方派出人员共同管理项目资金。而专用账户的设立，也让夏娟体会到何谓"制度很丰满，操作起来却很骨感"。

《爱情咖啡茶》计划全部在东莞拍摄。为了便于异地资金管理，对方决定在东莞以剧组名义设立临时共管账户，预留两枚法人印章，两家公司各执一枚，办理相关业务需双方共同在场。为了便于资金后续操作，双方开通了网银，有两个密钥，分别用于制单和审核，制单密钥由时画公司派出的剧组出纳小王负责保管操作，审核密钥由浙江有福公司派出的剧组出纳小李负责保管操作，剧组每一笔网上转账，都需要经过双方共同操作才能完成。根据时画公司的资金管理制度，按照夏娟的设想，剧组共管账户设立后，项目双方的投资款都打入此账户，项目的每一笔支出也一律从该共管账户支出，不从其他任何渠道收支。

可熟悉剧组操作的总制片人习总却不以为然。她认为，拍摄过程中每天现金的需求较大，一旦剧组正常运作起来，每天可能需要5万~10万元，而共管账户对取现的用途和额度都有严格限制（一般每周限额不超过5万元），根本不能满足拍摄对现金的需求。为了不影响拍摄进度，按照行业惯例，双方可以选一个可信赖的员工，以其个人名义在拍摄当地再开立一个私人账户，专供剧组日常开支使用。双方可以根据拍摄进度定期从共管账户转出一部分资金到该私人账户，作为备用金，确保该账户余额在拍摄期间保持在30万~50万元，以便根据剧组的实际需求提现使用。

夏娟与余峰起初都不同意这种做法。一来时画公司的资金管理制度不允许私设小金库，大量资金转入个人账户，存在随时被挪用甚至贪污的风险；二来项目支出大量通过个人账户支付，而不是通过对公账户支付，存在各种支付风险。

但显然，他们说服不了习总，她就坚持一个观点："行业上都是这么操作的，为什么你们公司总是这么小心翼翼？如果现场现金不够，不能及时购买临时道具、支付餐费或给临时演员发放劳务，影响到项目正常拍摄，并造成损失，由时画公司自己承担吗？只要你们公司作出承诺，我就不干涉你们的决定。"考虑到项目重大，为了不影响双方正常合作，余峰不得不一边妥协一边指示夏娟研究适当的管理办法，尽可能地规避风险。

首先，时画公司同意用项目负责人史亮的身份证去开立一个个人银行卡账户，但不开通网银功能。银行卡平时由项目组出纳小王负责保管，密码由小李设置与保管。通过身份证、卡、密码分离的方式，让三者之间互相牵制，尽可能规避舞弊的风险。其次，夏娟与习总再次确认了现场现金支出的费用类型，并让剧组会计小刘再次梳理了费用预算，最终与习总协商将现金备用金额度定为20万元，双方同意个人账户的备用金余额不能高于20万元。当个人账户余额低于5万元时，由共管账户转账进行补充。每天由双方的剧组出纳共同登记个人账户明细账并签字确认，剧组会计小刘负责每天复核和不定期抽验余额。最后，个人备用金账户必须遵守当日支取现金当日使用的原则，每天留存现金不允许超过5 000元，多支取而未花费的部分，由出纳当日存入银行卡。

后来，为了方便双方遵照执行，时画公司特别针对以上措施专门出台了一项剧组备用金管理办法，从几个方面对私人账户公用作出了明确的规定。剧组备用金管理办法的出台，一定程度上将私人账户的使用"规范化"，可这种"规范化"能否从根本上抹杀私户公用的不合理性，夏娟心里也没底。

4. 白条现象严重，核算困难重重

资金风波刚过，夏娟稍微松了口气，其他的问题就接踵而至。

一天的财务周例会结束后，负责《爱情咖啡茶》核算的小许敲开了夏娟的门。小许是公司为了影视项目专门招聘的，以前在光线传媒、新丽传媒工作过，有将近10年的影视会计从业经验。见小许皱着眉，夏娟有一种预感，估计又是《爱情咖啡茶》遇到什么难题了。果不其然，小许一进门就抛出了问题："夏娟，刚才的例会上，余总指示咱们公司从这个月起就开始《爱情咖啡茶》的核算，可咱们才刚刚开拍，以前我们公司都是在剧组杀青后才一起核算的。"

"什么意思？"夏娟一时没反应过来。

"行业里很多公司都是这样的，项目成本不用每月都核算，因为不准确，干脆等到剧组杀青后，把所有的支出单据都整理好了，一次性交给公司会计去核算项目成本。"

"为什么会不准确？"

"其实也不是不准确，您也知道吧，剧组里每天开支频繁，临时布个景，买个道具，吃个盒饭，给场地方塞个红包等，经常都没有发票，有些甚至连个收据也没有，也就是常说的白条。这些支出我们总要想办法入账吧，不管是我们自己凑发票还是最后找人去开发票,最后取得的发票类型未必就是实际支出的费用类型,如果每月都核算,项目成本明细账就很可能不准确了。"

"抛开白条先不说,每个月不核算项目成本不太合适吧,这样我们的支出在哪里归集?"夏娟问道。

"制片备用金啊,我们以前都暂时放在那里,可以将所有的支出都通过制片备用金去核算,等剧组杀青后再结算制片备用金,然后往项目成本里归集。这样就能把剧组所有的支出明细与发票都理顺了,再来归集成本,简单又准确。"

小许说的句句有理,夏娟几乎就要被说服了,"这样吧,我们跟余总打个电话,听听他的意见。"

拨往余峰香港办公室的电话很快就接通了,夏娟将小许的出发点和建议向他叙述了一下。

"行业怎样做我不管,但我们要按月核算成本,"余总的回复一如既往地干脆,"你们告诉我,如果剧组杀青才核算成本,那每个月我想知道这部剧已经支出了多少,花在哪里,哪些费用超支,从哪里看?报表上哪个项目或者说你们的科目余额表里有准确的数据可以指给我看吗?"

余总的话让人招架不住,夏娟与小许面面相觑,一时有点接不上话来。

"余总,如果单从核算上来说是有点不合理,但小许说的白条现象在剧组中的确普遍存在,这个我们以前也了解过。我们建议先不核算项目成本,更多的是为了后面给白条留下足够的处理空间。"

"关于白条现象我们不是已经出台剧组内部管理办法了吗?不是要杜绝白条现象吗?不能一味地追求成本节约,还得按正规要求来操作。"余总略显急躁的声音从电话那端清晰地传过来,"如果我允许他们打白条,那么我怎么控制成本?费用的支出还有多少真实性?我们站在财务的角度如何按月监控项目的支出?如果后期剧组杀青真有明细项目的调整,那就单独调整,不能因为怕麻烦现在不核算。"

"好的,那就这样吧,我们按月核算,让剧组会计每月月底或次月月初将上个月的支出凭证整理好快递回来,顺便再提供项目核算明细和汇总表格,据此来核算生产成本。"夏娟在电话这头应承着,向小许示了示意。

《爱情咖啡茶》2013年10月在东莞正式开拍后,跟组会计小刘负责剧组支出流水登记并每周更新电子版的项目核算明细及汇总表。11月初,小许收到了小刘从东莞快递过来的剧组支出凭证。与电子版的项目核算表粗略一对比,小许就傻了眼。因公司要求剧组严格控制白条,所有支出没有特殊申请(如临时红包等),必须后附发票,因发票无法及时提交,很多支出都以借支的形式给支走了。这怎么核算？费用已经发生，可冲抵凭证尚未提交，仍以借支形式存在。当小许打电话问小刘怎么不督促他们尽快还款或拿票冲抵时，小刘回答得理直气壮："咱们这行业你又不是不知道，白条本来就多，再说剧组这群人也习惯让制片方自己来想办法解决发票，你让他们必须提供发票，无形中控制力度就增大了，他们肯定是先借支，再拖着呗，事情紧急，咱们也不能不让他们借支吧。"为此，财务人员不得不与制片主任多次协商，以便在剧组财务管理办法中多加一条来限制剧组借支的适用范围以及归还时限，争取让当月的项目成本如实反映当月的投入情况。管理办法修改后，12月初收到的支出凭证里，借支情况果然好转了很多。

当时小许没料到，令人头疼的还在后面。1月，剧组杀青，剧组会计带着一大堆后补的发票回来了。这些发票除了一部分是1月支出的费用外，大部分都是补以前几个月的支出，仅仅将发票一一对应放到已入账的凭证后面，就让小许和小刘忙活了好几天。有的发票项目与原先入账费用严重不一致，还得列出来汇总调整；更让人受挫的是，有些发票是增值税专用发票，抵扣成功后，还需要及时调整原先已全额入账的项目成本。虽然最终在大家的努力下事情给"摆平"了，可小许为此事没少嘟囔，"项目结束再核算不就好了，也不会像今天弄得这么麻烦。"小许的抱怨让夏娟不得不思考。行业中流行的杀青后再核算，自是有它存在的理由，可余总的要求更是理所当然，如何权衡利弊，找到适应这类项目的核算办法，恐怕还得花一段时间琢磨和尝试。当然，这是后话。

5. 项目进度失控，预算被迫追加

2013年12月23日，如往常每个周一一样，早上一进办公室，夏娟就习惯性先打开电脑查看周末累积的邮件。一封来自剧组会计小刘的邮件引起了夏娟的重视。按照惯例小刘会提供每周项目成本预算执行进度表，可这次他还特别用文字备注了项目的拍摄进度。邮件显示，截至2013年12月22日，剧组的实际支出已经占到整体预算的92%，但整部剧的拍摄进度才刚刚达到原定计划的3/4。原定2013年12月31日的剧组杀青日已推迟到2014年1月31日。

夏娟一下就坐不住了。这意味着，《爱情咖啡茶》要想正常拍摄下去，就要申请追加预算。果不其然，夏娟拨通项目负责人史亮的电话，刚一提到预算的事情，他就嚷嚷着说正头疼呢，不知如何给董事会发邮件申请追加预算。按照约定，项目总制片人习总对项目的整体预算执行以及拍摄进度负责。其中，项目预算的执行情况由时画公司财务部派出的剧组会计每天跟进统计，每周汇总更新数据后发给习总在内的项目组成员以及相关职能部门；而项目执行进度由习总亲自来抓，定期向项目总负责人史亮汇报。让史亮哭笑不得的是，习总是按时向他汇报了，但这周的汇报却突然一改过去的数据，直接说导演与现场统筹之前统计错了，重新纠正的数据显示实际拍摄进度只有项目的 3/4，如果《爱情咖啡茶》要正常拍摄下去，双方需要按比例额外追加预算 940 万元，也就是说，时画公司需要额外追加 564 万元的预算。

这让史亮郁闷无比却又无处发泄。在项目合作初期，鉴于双方是联合拍摄、共同投资，抱着"一荣俱荣，一损俱损"的态度，无论是在双方的合作协议上，还是在总制片人以及导演的聘用合同上，对总制片人以及导演的"失职"没有列出任何经济惩罚条款。现在接到总制片人的突然通知，除了口头上指责以外，竟骑虎难下。不接受追加投资吧，项目已经接近尾声，前面的投入都打了水漂；追加投资吧，除了要面对董事会的质询外，最重要的是，还不能保证这是最后一次。

硬着头皮，史亮向董事会提交了追加预算的申请。他列出了三条理由，恳请董事会慎重考虑并予以通过。一是根据联合拍摄协议的约定，如果项目拍摄进程中预算超支，合作双方需按比例追加预算，如果一方不同意追加，视作违约。二是受主要演员档期制约，剧组需加快拍摄进度，预算追加迫在眉睫。一旦拍摄停滞，以后若再想补拍，演员档期与酬劳需要再次商定。三是《爱情咖啡茶》已经受约参加来年春季的北京电视节目交易会，届时需携样带与有意向的购买方商谈发行事宜，当前拍摄进度延误不得。

董事会最终批复了预算，但同时也责令相关部门查改。除了项目部首当其冲外，财务部与法务部都没能幸免。作为项目的主要执行与配合部门，项目部与财务部都需要时刻关注项目的拍摄进度，不能只听取口头汇报，两个部门需要联合起来出台控制措施。尤其是项目部，要深入剧组一线，了解剧本场景情况，随时掌控拍摄进度，每周要根据拍摄情况提交已完成进度的纸质统计资料，由导演和制片人双双签字确认。法务部需要认真审核签订的每一份项目合同，尤其是双方的义务条款，不能因为是联合拍摄就回避制片人和导演应该承担的义务和责任，应与制片人和导演根据行业惯例补充签署责任说明书，如再发生进度未按时完成或追加预算的情况，按照一定的比例从制片人和导演酬金中扣除。

6. 决算终获认可，考评又起争议

2014 年 1 月 28 日，剧组拍摄全部杀青，项目转为后期制作。夏娟指示将私人备用金账户的余额全部转回共管账户。2014 年 5 月，后期制作完成，项目进入决算。时画公司出具的项目制作费用决算汇总表显示，截至 2014 年 5 月 31 日，《爱情咖啡茶》的预算为 4 640 万元，实际制作成本支出是 4 624 万元，按照双方的投资比率，其中浙江有福公司实际投资成本为 1 849.6 万元（其中 200 万以剧本作价相抵），时画公司实际投资成本为 2 774.4 万元。截至 5 月 31 日，共管账户尚剩余 112 万元，双方约定，暂不转出，以备支付后期发行的宣传费用。浙江有福公司对时画公司出具的项目制作费用决算表数据进行了核对，最终认可并签了字。

2014 年 11 月，《爱情咖啡茶》在浙江卫视播出，按照时画公司与浙江卫视签订的版权发行使用协议，时画公司在 11 月底取得了 2014 年度第一笔也是唯一的一笔发行收入 2 100 万元，扣除该项目的发行提成 210 万元（10%的发行人提成），剩余 1 890 万元。时画公司与浙江有福公司按照 6∶4 的比例进行了分账，其中浙江有福公司获得发行收入 756 万元。浙江有福公司对时画公司提供的项目发行收入结算表进行了审核，无异议后签字认可。

合作方对项目决算与发行分账均无异议，让夏娟松了一口气，但让夏娟没想到的是内部考核却起了波澜。按公司规定，财务部提供 2014 年度《爱情咖啡茶》运营情况的数据，经项目部确认后提交人力资源部作为绩效考核依据。当财务统计数据提交史亮后，他却不乐意了。2014 年度时画公司项目利润表显示，《爱情咖啡茶》确认项目营业收入 1 188.68 万元（2 100 万收入的 60%，1 260 万元的含税收入，其中，作为营改增后的一般纳税人，其增值税销项税额为 71.32 万元，确认不含税收入额为 1 188.68 万元），同时结转主营业务成本 893.68 万元（2 774.4 万元制作成本，其中增值税进项税额为 50.8 万元，2 723.60 万元进入《爱情咖啡茶》库存商品核算，按照计划收入法，本年度结转营业成本 893.68 万元），营业税金及附加为 2.46 万元，项目毛利是 292.54 万元。

为什么 2014 年度结转的营业成本会是 893.68 万元？史亮对此提出了质疑。原来，立项时预算收入为两年收回 6 400 万元，2014 年度实现发行收入 2 100 万元，占比 32.81％，照此比例结转的成本为 893.68 万元。财务的解释让史亮的眉头皱得更紧："为什么只在 2 年内结转，用 3 年、5 年来结转不行吗？这样每年不就结转更少，我们的绩效数据也相对好看点。"

史亮的说法也不无道理。影视行业需要特别遵守《电影企业会计核算办法》，其中就有关于项目成本结转的规定。该办法明确指出，企业结转影片成本，应当遵循配比原则和谨慎性原则，但对于电视剧的结转期限，只给出了一个不超过 5 年的上限。《爱情咖啡茶》作为时画公司第一部电视剧，成本结转期应该怎么把控，才能做到既符合行业惯例，又能满足公司财务管理的要求？

为此，夏娟查询了上市公司披露的做法，又咨询了多家同行。可多家企业给出的答案竟然都不相同。有按 2 年结转的，也有按 3 年或者 5 年结转的，甚至有谨慎者在发行当年一次性结转的……这些企业都是行业佼佼者，有自己的依据和判断，没有普遍接受的标准。

出于谨慎性考虑，夏娟综合评估后还是决定采纳两年的结转期限。为此，她又费了很多口舌去说服史亮，最后连"就那么多制作费，两年全结转了，如果第三年还有发行收入，那么从第三年开始就没压力"之类的话都讲出来了，史亮才答应确认本年度的项目考核数据。

7. 尾声

夜已深，夏娟还在思考如何起草项目财务控制制度。时画公司涉足影视文化投资以来碰到的一系列项目财务控制问题，几乎件件徘徊在集团制度与行规或拍摄需求之间。在总结《爱情咖啡茶》财务控制经验时，夏娟也不是那么确定，项目进程中采取的那些做法是否可以作为时画公司今后项目财务控制的操作指南。那些过于谨慎的做法，或者妥协折中的做法，对时画公司在影视文化行业中核心竞争力的形成与长期发展，究竟有利还是有弊，她的心中还没有清楚的答案。

8. 案例后续发展

2015 年，电视剧《爱情咖啡茶》取得江苏城市、天津都市、深圳都市 3

个地面频道共计586万元的发行收入，而原计划的卫视发行收入2 400万元以及地面、网络播出等收入1 314万元受发行市场、作品质量等影响在当年度未实现。截至2015年底，《爱情咖啡茶》共实现发行收入2 686万元，与计划收入6 400万元相比差距较大，尚不能弥补项目制作成本4 624万元。电视剧两年的黄金发行期已过，预期的73%的项目投资回报率指标随之落空。

2015年5月，在财务部与项目部、投资委员会以及法务部多次讨论后，时画公司的项目财务控制制度终于颁布执行。该制度在《爱情咖啡茶》项目的基础上彻底摒弃了私户公用的做法，规定：每个影视投资项目备用金的使用要严格按照银行每周不超过5万元的提现额度来控制；剧组采购人员需每周按照项目预算来编制和更新剧组采购及资金使用计划，通过洽谈固定正规的供应商，采取先采购后结算的合作模式，尽量减少紧急采购或白条采购的情况，按照额度严格控制现场备用金的使用。

2015年度，时画公司先后启动了两部电视剧和一部电影制作项目，项目财务控制制度一方面为新项目的运作提供财务控制指导，另一方面又在新的项目运作中不断得到改进和完善。

启发思考题

1. 时画公司为什么要对影视投资项目实施财务控制？

2. 《爱情咖啡茶》项目立项预算出了什么问题？"阴阳合同"的替代方式是什么？如何评价这种替代方式？

3. 私户公用的风险是什么？夏娟为什么要妥协，继续私户公用？

4. 余总为什么坚持按月核算项目成本，而不是项目杀青后再核算？按月核算项目成本的困难是什么？

5. 时画公司应该怎样防范拍摄进度的意外拖延对项目预算的影响？

6. 你认为时画公司现有的项目财务控制的做法有哪些应该改进，如何改进？

教学目的与用途

1. 本案例适用于"财务管理"课程关于投资项目财务控制的教学，也适用于"内部控制与风险管理"课程项目内部控制的教学，以及"财务会计"课程关于货币资金与收支业务的核算与管理的教学。

2. 本案例适用对象：MBA、EMBA、MPAcc、金融专业硕士、企业培训人员，以及经济类、管理类专业的高年级本科生及研究生。

3. 财务控制是内部控制在资金和价值方面的体现，项目财务控制是财务控制在项目管理上的应用。本案例以时画公司在影视项目管理中遭遇的预算、资金管理、会计核算、成本控制及财务评价等难题为重点，通过教师的引导和学生的深入讨论以达到如下教学目的：

（1）理解财务控制的内涵，了解财务控制与内部控制、项目管理之间的关系。

（2）理解财务控制对于企业战略实现和风险防范的意义。

（3）把握财务控制合法性目标和有效性目标的平衡，深入理解财务控制以及内部控制的目标。

（4）了解财务控制在项目生命周期各阶段的主要内容和手段。

理论依据与分析

1. 影视文化企业为什么要实施财务控制？

对于什么是财务控制，看法不一。有学者认为它是受股东为首的利益相关者的影响，主要由董事会、经理层和其他员工实施，旨在为资金运行的效果和效率、资产的安全完整、财务信息的可靠及时等提供合理保证的过程（程新生，2007）。也有学者认为财务控制是指财务人员（部门）通过财务法规、财务制度、财务定额、财务计划等对资金活动（或日常财务活动、现金流转）进行指导、组织、监督和约束，确保财务计划（目标）实现的管理活动（汤谷良，2003）。学者大多认同，财务控制是企业内部控制的一个重要组成部分，是内部控制的核心，是内部控制在资金和价值方面的体现（高凤娟，2011）。

根据美国内部控制专门研究委员会发起机构委员会 1992 年发布的《内部控制——整体框架》，内部控制是"为了合理保障财务报表的可靠性、经营的效率和效果以及对法律的遵循，由治理当局、管理当局和其他人员设计和执行的政策和程序"，它包括五个要素，即控制环境、风险评估、控制活动、信息和沟通、监督。2004 年该委员会又发布了《企业风险管理整合框架》，将内部控制与企业风险管理联系在一起。它指出，全面风险管理由企业内部各个层次和部门应用，以识别可能对企业造成潜在影响的业务事项，并在风险承受能力范围内管理风险，为实现企业战略目标提供合理保证。

内部控制通常被认为能够防范导致企业经营失败的三大风险：（1）合规风险，即企业不能满足法律法规及规章制度要求的风险。（2）运营风险，即不能以符合效率、效果和效益的方式经营企业的风险。（3）财务报告风险，即企业不能证实财务报告的真实公允性的风险。财务控制服从企业内部控制的目标，强调对企业财务活动的合规性和有效性的控制。

也有学者从财务学的角度认为财务控制的三个目标是：（1）降低代理成本。即降低经营者、雇员等代理人偷懒、不负责任、偏离股东目标和以各种手段从公司获取财富等发生的成本。（2）促进企业战略目标的实现。财务控制必须是围绕企业战略的制定、实施、控制实施一系列措施的全过程。（3）企业价值最大化。财务控制致力于将企业资源加以整合优化，使资源消费最小、资源利用效率最高、企业价值最大（汤谷良，2000）。

时画公司的目标是：5 年内成为国内影视产量大、观众认可度高、专业化的影视公司之一。为了迅速进入影视文化市场，时画公司选择与该市场内拍摄影视剧的专业公司联合摄制电视剧，学习制作经验，提升自有团队水平，逐渐建立自己的品牌、市场及观众群。《爱情咖啡茶》项目正是这一战略的具体实施方式。

如案例背景所述，自 2009 年中国政府放开文化产业投资限制以来，民营资本大量涌入影视文化行业，加之国内电影消费市场爆发式增长，中国已成为全球第二大电影消费市场。中国电影产业规模增长情况见图 2。电视剧的生产也不甘落后，中国已经成为世界最大的电视剧生产地。

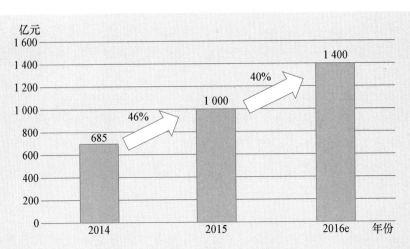

图 2 中国电影（直接）产业规模

说明：以投资（影视/影片投资等）、消费（一次消费——票房、二次消费——版权及广告等）和出口（海外版权与票房等）为电影（直接）产业规模的测算维度。2016 年为预计数。

资料来源：艺恩网，http://www.entgroup.cn.

虽然从电影票房和电视剧制作数量看，影视行业一片繁荣，但从影视文化行业几个主要上市公司的财务报表看，2014 年以来企业实际成本费用上升，在收入快速增长的同时，盈利能力逐年下降（见表 1 和表 2）。以华谊兄弟为例，2014 年华谊兄弟实现总营业收入 23.89 亿元，较 2013 年增长 18.62%，但是毛利率只增长 10.87 个百分点，影视娱乐业务毛利率不升反降，较上年下降 8.11 个百分点，净资产收益率下降 0.37 个百分点，经营活动现金净流量为－0.21 亿元；2015 年实现总营业收入 38.74 亿元，虽然较上年增长 62.14%，但毛利率下降 10.64 个百分点，影视娱乐业务毛利率较上年下降 3.05%，净资产收益率下降 6.73 个百分点。

表 1   2013—2015 年主要影视业上市公司盈利情况表

项目	华谊兄弟			华策影视			华录百纳			光线传媒		
	2013年	2014年	2015年	2013年	2014年	2015年	2013年	2014年	2015年	2013年	2014年	2015年
营业收入（亿元）	20.14	23.89	38.74	9.2	19.16	26.57	3.78	7.6	18.85	9.04	12.18	15.23
毛利率（%）	50.05	60.92	50.28	45.92	40.43	37.2	46.54	31.15	25.73	46.29	39.32	33.68
影视娱乐业务收入（亿元）	18.06	12.01	28.32	8.89	18.54	25.83	3.78	3.72	3.29	5.71	6.81	13.78
影视娱乐业务毛利率（%）	52.47	44.36	41.31	44.53	38.96	35.5	46.55	33.78	24.44	45.68	56.78	37.66
净资产收益率（%）	20.77	20.4	13.67	15.87	12.65	11.92	12.46	9.77	7.11	15.7	13.08	7.04

表 2　　　　　　　　2013—2015 年主要影视业上市公司盈利变动情况表

项目	华谊兄弟			华策影视			华录百纳			光线传媒		
	2013年	2014年	2015年	2013年	2014年	2015年	2013年	2014年	2015年	2013年	2014年	2015年
营业收入环比变动（％）	45.27	18.62	62.14	27.68	108.16	36.68	−3.94	101.01	148.15	−12.54	34.72	25.06
毛利率环比变动（％）	−0.57	10.87	−10.64	−8	−5.5	−3.22	2.16	−15.39	−5.42	2.67	−6.96	−5.64
影视娱乐业务收入环比变动（％）	60.94	−33.47	138.8	26.72	108.45	39.32	−3.51	−1.54	1.82	−11.38	19.24	102.16
影视娱乐业务毛利率环比变动（％）	7.55	−8.11	−3.05	−8.21	−5.57	−3.46	2.34	−12.77	−9.34	1.74	11.1	−19.13
净资产收益率环比变动（％）	8.04	−0.37	−6.73	0.23	−3.22	−0.73	−2.35	−2.69	−2.66	−0.89	−2.62	−6.04
经营活动现金流量（亿元）	5.11	−0.21	5.27	−0.6	2.04	−6.19	−0.73	−0.58	−1.44	7.54	−0.83	3.98
经营活动现金净流量环比变动（％）	305.37	−104.11	2 606.3	−77.92	441.97	−403.1	27.2	20.7	149.57	793.92	−111	579.85

　　另外一家上市公司华策影视 2014 年实现总营业收入 19.16 亿元，较 2013 年增长 108.16％，但是毛利率下降了 5.5 个百分点，影视娱乐业务毛利率较上年下降 5.57 个百分点，净资产收益率下降 3.22 个百分点；2015 年实现总营业收入 26.57 亿元，虽然较上年增长 36.68％，但毛利率下降 3.22 个百分点，影视娱乐业务毛利率下降 3.46 个百分点，净资产收益率下降 0.73 个百分点，经营活动现金净流量为−6.19 亿元。

　　图 3 体现了四家主要影视业上市公司净资产收益率的变动情况。2013—2015 年，除华谊兄弟之外，三家公司连续两年净资产收益率负增长，华谊兄弟净资产收益率也呈迅速下降趋势，2015 年出现负增长。四家公司总体毛利率、影视娱乐业务毛利率、净资产收益率以及经营活动现金净流量等指标环比变化的具体情况可见案例表 2。

　　由上述分析可见，虽然收入规模还在不断扩大，但是影视文化企业控制成本和费用的能力堪忧。从案例正文中也可以看到，时画公司《爱情咖啡茶》项目拍摄过程中遇到的各种行规，大多显示出这个行业盲目追求盈利、管理基础薄弱、资金与成本费用管理粗放的特征。影视文化企业在电影和电视剧

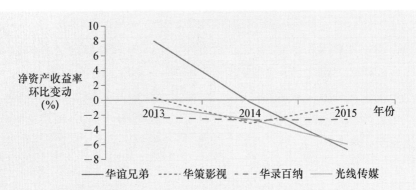

图3 2013—2015年主要影视业上市公司净资产收益率的变动情况

拍摄以及其他娱乐服务提供过程中，如果不提升控制成本费用的能力、实施精益管理，不仅公司会逐渐丧失持续经营能力，整个行业的发展也难以为继。

内部控制的重要作用之一就是识别、防止和纠正经营风险。经营风险在资金和价值方面的体现即财务风险。财务控制的目标就是通过识别和防范财务风险，确保企业目标和价值的实现。时画公司在高风险行业环境中经营，又属于该行业的新加入者，没有成熟的管理模式应对风险。因此，建立健全财务控制对于时画公司实现目标和战略，增强抵御经营风险的能力，具有极其重要的作用。

2. 什么是项目财务控制？时画公司实施项目财务控制的目的是什么？

项目财务控制是财务控制在项目管理中的应用，是对项目财务活动的合规性和有效性的控制。项目财务控制涉及项目投资分析、项目成本管理和风险管理（周丽江，2007）。财务控制贯穿项目的整个生命周期，是项目管理的重要组成部分，在项目的成功实施和有效性方面有可参考的依据（吴晔，2015）。

项目财务控制有利于实现项目价值最大化的目标，解决项目投资者和项目经理之间的委托—代理问题。项目投资人最关心的是其投入资本的安全性和收益性，实现保值增值；项目经理的主要任务是履行其受托责任、实现项目经营效益最大化。双方利益的实现以及项目经理责任的履行必须有有效的财务控制做保证，使各项工作的运作坚持成本—效益对等的原则，通过管理获得项目的预期收益，实现项目价值最大化，满足双方的利益需求，避免投资者与经营者、项目经理的利益冲突（安同宝，2010）。

在项目生命周期的不同阶段，项目财务控制的侧重点不同。（1）在项目定义与决策阶段，通过对项目建议书的可行性分析，财务控制侧重于分析和评价备选方案的损益和风险情况，为最终作出项目决策提供支持。（2）在项目计划与设计阶段，需要进行成本估算，并在此基础上形成更精确的成本预算，项目成本预算的结果是确定相对合理科学的项目成本控制基线；同时，为了减轻项目税负，需要提前对项目的有关支出进行税务筹划。（3）在项目实施与控制阶段，需要严格执行项目预算控制，实施项目成本的事中控制，并通过不相容岗位相分离、授权控制、内部稽核等方法进行项目资金收付的控制和风险控制，这一阶段是项目财务控制的重点。（4）在项目完工与交付阶段，为了评估项目的执行情况、进行项目的验收，需要进行项目财务绩效的评价。财务控制在项目生命周期各阶段的主要内容如图4所示。

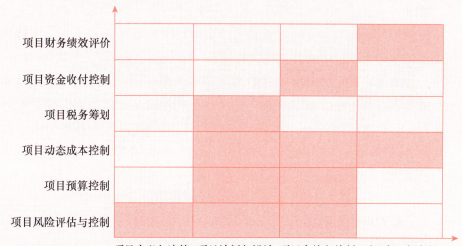

图4 财务控制在项目生命周期中的应用

影视投资项目在资金和价值方面具有以下风险：

（1）影片或剧目投资金额巨大，一旦失利，投资者损失惨重。目前影视剧的制作与发行成本不断刷新纪录。例如，电影《捉妖记》投资近3.5亿元，《美人鱼》的投资成本超过3亿元，电视剧《琅玡榜》投资1.1亿元。低成本影视投资项目往往难以获得市场认可，不易收回投资。除此之外，电视剧市场在"一剧两星"政策实施后，很有可能最终变成定制化生产的"一剧一星"制，市场的竞争加剧，越来越多的大制作将会出现。然而中国影视行业的融资渠道狭窄，融资渠道不健全，资金成本高，影视剧投资90％源于自有资金，投资巨大，风险却不能有效地分散。

（2）完片担保制度缺失，融资困难。完片担保是一种保险业务，担保一部电影能够按照预定时限及预算拍摄完成，并送交发行商，否则后果由完片担保公司承担。完片担保公司提供电影拍摄完成保证，让制片人在仅取得发行合约但尚未取得资金前，得以向银行贷款和融资。但是在我国，完片担保制度缺失，使得项目投资方面临巨大的资金压力。

（3）不能"保本"的风险大。票房投资比是票房总收入与制片投资成本相比的结果，据统计，一部电影的票房投资比为 2.538 时，才能"保本"（钟朝宏，2013）。影视行业企业成本费用控制能力的高低，直接决定其对市场风险（票房风险）的抵御能力。

（4）项目进度对于成本约束大，进度风险容易引发资金风险。人力资本是项目投资成本的主要构成，演员和主要创作人员的劳务费用占影视剧制作成本的 40%以上。电影拍摄周期一般为 1~2 个月，二三十集的电视剧需要 2~3 个月，演员、主创人员的劳务费用和剧组各种开支往往以天计算，进度每延误一天，意味着开支将大幅增加。

由此可见，影视投资项目蕴含着极大的风险，很有可能由于巨额投资、资金成本高、制作和发行成本失控，不能如期完成影视剧拍摄，或者不能发行，造成投资方的巨大损失。本案例中时画公司注册资本 3 000 万元，在《爱情咖啡茶》中首期投入 2 100 万元，后来追加 564 万元，一旦投资失利将血本无归。

3. 时画公司采取了哪些项目财务控制手段，效果如何？

现代财务控制理论认为财务控制有六大控制手段，分别为组织规划控制、授权批准控制、预算控制、实物资产控制、成本控制、业绩评价等，而项目财务控制基本上依附在这六大控制手段上。评价财务控制活动的有效性，主要考虑相关控制的设置是否科学合理，是否有效执行。

组织规划控制是指企业在确定和完善组织结构及岗位设置中，应当遵循不相容职务相分离的原则。企业的经济活动通常划分为五个步骤：授权、签发、核准、执行和记录。如果每一个步骤由相对独立的人员或部门实施，就能够保证不相容职务的分离，便于财务控制作用的发挥。

授权批准控制是指对部门或员工处理经济业务的权限控制。部门或员工在处理经济业务时，必须经过授权批准才能进行。授权批准的基本要求是：要明确一般授权与特定授权的界限和责任；要明确每类经济业务的授权批准程序；要建立必要的检查制度，以保证经授权后所处理的经济业务的工作质量。

预算控制的基本要求是：第一，所编制预算必须体现企业的经营管理目标，并明确责任。第二，预算执行过程中，应当允许经过授权批准对预算进行调整，以便预算更加切合实际。第三，应当及时或定期反馈预算的执行情况。

实物资产控制主要包括限制接近控制和定期清查控制两种。前者是指限制非授权人员接触实物资产及有关文件，如现金、银行存款、有价证券和存货等，以保证资产的安全；后者是指定期进行实物资产清查，保证实物资产实有数量与账面记载相符，如账实不符，应查明原因，及时处理。

成本控制包括对于企业所提供的产品或者劳务，按照成本构成进行事前成本估算与预算、事中核算与控制以及事后成本考核等。

业绩评价包括企业分析评价实际业绩与预算的差异，评价职能部门、分支机构或者项目活动的业绩，以及对发现的异常差异或关系采取必要的调查与纠正措施。

本案例中时画公司采取了一系列措施，在《爱情咖啡茶》项目中进行不相容的职责分离。比如，以剧组名义设立临时共管账户，预留两枚法人印章，时画公司与浙江有福公司各执一枚，办理相关业务需双方共同在场；双方开通了网银，有两个密钥，一个用于制单，一个用于审核，制单密钥由时画公司的剧组出纳负责保管操作，审核密钥由浙江有福公司的剧组出纳负责保管操作，剧组每一笔网上转账，都需要双方共同操作才能实现。面对剧组拍摄现场现金支付的需求，时画公司不得已设立私人账户作为备用金账户，但在妥协的同时，规定银行账户的开立、使用及保管等由不同人进行操作，将身份证、银行卡以及密码分交三人保管，实现彼此间相互牵制和监督等。

时画公司沿用了致为集团的授权批准制度。《爱情咖啡茶》立项时，按照重大投资的特别授权审批程序，提交集团投资委员会审批；在因预算不当而被驳回立项时，项目组严格按照投资委员会的指示进行预算的修正；当进度失控、预算超支时，项目负责人亦按照程序提交董事会进行预算追加授权；项目推进中的资金收付、成本核算等常规业务均遵循了一般授权要求。

《爱情咖啡茶》投资立项时，项目预算是重要的参考依据；在项目执行过程中，财务部要求剧组会计每日统计项目预算的执行情况，并每周更新后提交项目管理层以及相关财务成员知悉；在由于监控不力导致项目进度失控时，项目预算经董事会批复予以追加。在调整项目预算的同时，公司指示财务部、项目管理层以及法务部联合对项目进度采取新的控制措施，随时掌控拍摄进度，并建立在项目进度推迟或追加预算的情况下，对制片人和导演的经济惩罚和追偿机制。

在项目实物资产控制方面，资金管理是重要的一环。时画公司与合作方设立剧组共管账户，并且开通二级网银授权，所有的项目支出都由合作双方共同支付；开立私人备用金账户，设立最高额度，并规定了现金的支取方式以及每日不超过 5 000 元的余额限制；指派剧组会计定期复核和盘点剧组出纳的工作，确保资金与账面记录相符。

时画公司通过较为严格的预算管理实施项目成本控制。为了及时控制项目成本，不顾杀青时核算成本的行业惯例，要求按月归集费用、核算项目成本。在项目劳务成本控制上，为了节省大量劳务支付所需代扣代缴的个人所得税，多方寻求更合理的避税方式，采用具有一定节税效果的工作室途径开支劳务。

在项目结束后的绩效考核中，由于项目组的日常资金收付核算、成本核算以及项目投资方的权益核算较为规范，合作双方对项目决算与发行分账均无异议。在时画公司内部绩效考核中，财务部门对于项目评价时主营业务成本结转的期限，采用了与预计收入期限相配比的做法，体现了会计上的谨慎性。

4. 时画公司在项目财务控制中为何会遭遇行规与严格控制的矛盾？

时画公司在《爱情咖啡茶》项目财务控制中处处碰壁于行业惯例，主要原因有两方面：

第一，企业内部控制环境与行业管理水平的冲突。

在内部控制五要素中，控制环境是整个内部控制的基础和核心。控制环境包括治理职能和管理职能，以及治理层和管理层对内部控制及其重要性的态度、认识和措施。良好的控制环境是实施有效财务控制的基础。

从整体上看，时画公司具有良好的内部控制环境，体现在以下方面：

（1）管理层的经营理念与经营风格稳健。经营管理者的管理哲学和经营风格是控制环境中最基本、最主要的因素。在有效的控制环境中，管理层的理念和经营风格可以创造积极的氛围，促进业务流程和内部控制的有效进行。时画公司的母公司致为集团具有 20 多年的投资风险管理经验，秉承谨慎投资理念与精细化的管理风格。进入影视文化行业之后，管理层并没有盲目追求盈利、采用激进的手段避免费用的发生。比如在《爱情咖啡茶》项目的立项阶段，投资委员会拒绝了能够大幅降低项目费用预算的签订阴阳合同的做法；又如在项目实施阶段，得知白条现象的存在会对项目成本核算的及时性产生较大影响，管理层态度坚决地制止该类行为，并积极尝试解决方案，减少特定财务控制被忽略或被规避的可能性。

（2）治理层对财务控制参与充分。根据内部控制和风险管理理论，董事会对企业负有重要的受托管理责任，控制环境很大程度上受治理层影响。时画公司的治理层相对管理层具有较大的独立性，比较充分地参与了项目财务控制的监督过程。比如，投资委员会在审批项目立项书及项目预算的过程中，充分考虑了项目财务及税务风险，在预算税费部分重新整理后，方才通过立项审批；《爱情咖啡茶》项目预算调整过程中，董事会预算委员会对于项目进度失控而被迫追加预算的情况非常关注，责令公司各有关部门进行纠正。

（3）管理层关注诚信和道德观念。财务控制的有效性直接依赖于负责创建、管理和监控财务控制的管理层的诚信和道德价值观。管理层如果能够以身作则，在企业内部经常提供道德方面的指导，就能引导员工在一般和特定环境下保持正确的判断。集团财务总监余峰拒绝虚开发票、提供配套假合同等不诚信的行为，并强调公司看重未来的发展而非短期盈利。公司财务负责人夏娟既具有专业胜任能力又坚持职业操守，在信息的沟通反馈以及具体控制活动的干预上，对项目财务控制产生了积极影响。

良好的控制环境促进了时画公司对精益管理的追求，也使得时画公司在《爱情咖啡茶》项目中不时面对严格财务控制与行业粗放管理理念和水平之间的矛盾。行业中通行的做法，如阴阳合同、私户公用、白条抵库等，暗含极大的控制风险，时画公司要保障项目运行的合法性，就必然会遭遇与这些行规的冲撞。

第二，影视投资项目的特征对于财务控制活动的影响。

虽然大部分行规反映了影视行业管理水平的低下，但是有些行规也反映了影视投资项目运作的特有规律对于财务控制的要求。时画公司之所以在项目财务控制中屡屡碰壁，部分原因是公司刚刚进入影视行业，没有深入了解影视投资项目的特征对于财务控制活动的影响。

（1）多组织单项目形成的拍摄主体对于财务控制的影响。影视投资通常有联合拍摄和独立拍摄两种方式，各占半壁江山。联合拍摄由两个或两个以上的投资方共同投资、共派主创人员、共同分享利益及共同承担风险。与独立拍摄相比，这种方式有利于投资各方资源互补，降低委托—代理成本，对于改善项目的实施效果具有积极影响。但是由于联合拍摄各方的目标、利益、管理理念与管理水平存在差异，对于项目财务控制的风险评估、信息与沟通、控制活动及监督的要求不同于单一组织运行的项目。在《爱情咖啡茶》项目中，拍摄和发行活动主要由浙江有福公司负责，时画公司没有具体介入，加大了双方的信息不对称以及目标、利益和管理水平不同带来的分歧。时画公司没有深入研究这种合作方式对于项目财务控制的影响。

（2）影视投资项目资金活动的特点对于财务控制的影响。资金是财务控制的对象，影视项目资金投入大，但是支出频繁而零散，经常发生临时性支出，现金流很难预测和把控；资金支付对象多为个人或者核算基础差、不能开具正式发票的实体；项目进度对于资金的追加投入具有强约束；项目资金的回收期和每期回收的数量受到多因素影响，很难准确预测。这些问题都是影响项目财务控制实施效果的因素，时画公司在顺应这种资金活动的特征进行合理的控制上考虑不足。

（3）项目财务信息特征对于财务控制的影响。信息既是财务控制的手段，也是财务控制的对象。在联合拍摄中，财务信息的生成、搜集、传递和处理具有与一般项目不同的特征。比如，项目支出信息的生成需要各方共同确认，这将降低控制风险，也便于各方对于项目过程和结果达成一致，但是信息生成和传递的及时性可能受到影响；又如，合作一方负责项目的拍摄和发行，资金支出信息与进度信息的匹配需要额外的控制，才能及时发现和防止预算超支及项目进度的滞后。诸如此类的问题都说明案例企业需要对影视投资项目信息活动特征全面考虑，还需要进一步改善财务控制。

综上所述，影视业的行规，一方面是行业管理理念落后、管理水平低下的代名词，另一方面也说明影视投资项目具有特殊的财务活动规律。时画公司的财务控制多次碰壁，说明企业既面临行业中不合法、不合规做法的挑战，又面临深入研究该类项目的财务活动规律、设计合理有效的财务控制的挑战。

5. 时画公司应该如何解决在项目财务控制中遇到的具体问题？

财务控制的目标一方面强调对财务活动合规性的控制，另一方面也强调对财务活动有效性的保障。时画公司在具体的项目财务控制活动中要坚决杜绝影视行业盲目追求利润的不合规做法，但是也不能一味强调严格控制，而牺牲项目的效率效果。应该分析影响项目财务活动的因素，探索能够最大限度提高项目的效率和效果的财务控制。内部控制环境、财务控制目标和影视项目特征对于项目财务控制活动的影响见图5。

（1）阴阳合同问题。案例中影视行业普遍采取阴阳合同和以其他费用发票冲抵劳务费用的方式，来规避支付个人所得税。时画公司则采用通过工作室与演员和主创人员签约的方式处理劳务费用。虽然较之阴阳合同，这种方式大大减少了企业的税务风险，但也不是安全无虞的。

首先，从会计核算来看，时画公司一些金额较大的劳务报酬通过工作室

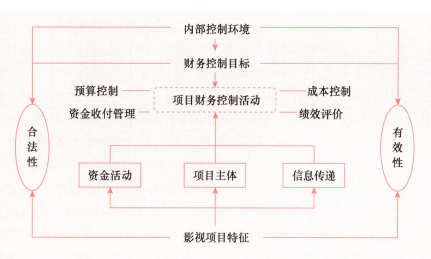

图 5　财务控制活动的影响因素

费用开支，存在会计信息不能如实反映的风险。《企业会计准则——基本准则》第十二条规定：企业应当以实际发生的交易或者事项为依据进行会计确认、计量和报告，如实反映符合确认和计量要求的各项会计要素及其他相关信息，保证会计信息真实可靠、内容完整。时画公司通过工作室与主要演员和主创人员签订合作合同，一般采取的是代理服务、制作服务、咨询服务的合同模式，合作的工作室为了规避税务风险，也只能笼统地开具制作费、代理费等内容的发票。时画公司在进行项目核算时，为了与合同项目、发票内容保持一致，在制作成本明细项目上，就不能如实地反映演员酬金、工作人员报酬等。

其次，国家税务局对影视工作室税收的管理越来越严格。部分地区的税务局已开始着手清查影视工作室的开票以及纳税情况。为了防止影视公司通过工作室逃避个人所得税，国家税务局严格控制工作室开具劳务类的发票项目。随着国家税收监管力度的加大，通过工作室规避税费的做法将受到限制。

（2）私户公用问题。为了不影响剧组的正常拍摄，时画公司以项目负责人的名义开立了一个私人账户，专门用来管理剧组备用金。虽然公司已通过一系列措施来规避风险，但仍然存在以下问题：

首先，私人账户公用面临着资金监控困难的风险。相关人员完全可以利用职务之便，将账户资金占为己有，或挪作他用。虽然身份证、银行卡、密码三者分离起到了一定的牵制作用，但个人账户所有人完全可以凭借身份证拥有对银行卡随时进行挂失、注销、密码更改的权利。公司的资金得不到良好监控，存在资产流失的风险。

其次，无论是公司法还是会计法，都对公司使用个人账户作出了禁止规定。公司使用个人账户进行资金往来，一般被认为存在偷税漏税的嫌疑。而对个人账户的开立者而言，同样存在风险。如果个人账户的开立者为个人股东，在公司向股东个人账户转款的情况下，款项会被视为公司分红，应缴纳20％的个人所得税；如果独资公司所有者使用个人账户处理公司事务，会被认定为公私财产混同，对外承担责任时可能会变成无限连带责任。

（3）预算超支问题。在《爱情咖啡茶》的拍摄过程中，当实际支出达到整体预算的92％时，拍摄进度却才达到原定计划的3/4，董事会被迫同意追加预算564万元。虽然公司采取了一系列改进措施，要求项目组、财务部和法务部加强对项目进度的监督和控制，但是这也表明现有预算控制存在缺陷。

影视项目的拍摄进度对于预算和成本管理具有强约束，撇开进度控制将无法实施预算管理与成本管理。时画公司要求剧组每周提交项目预算执行情况表，对于进度情况采用文字说明，这种控制方式还远不足以反映进度与预算的匹配情况。建议时画公司对于项目进度保持充分关注，对于项目进度和预算保持同步控制。

（4）杀青后的成本核算问题。在影视文化行业普遍存在待项目杀青后再进行核算的做法，原因有二：一是影视剧拍摄时间较短，一般为1～3个月；二是影视剧拍摄中，劳务、场地租赁、配套设施的提供者往往不能提供正式发票，剧组只能杀青后通过收集其他票据来冲账。时画公司坚持按月核算成本费用，并严格限制剧组人员借支资金的金额和期限，一方面能够及时了解和控制项目成本；另一方面也可以避免白条抵库的资金管理风险、费用开支与实际交易内容不符的会计核算风险，以及税务风险。在单项目拍摄情况下，适时核算成本的优势并不突出，一旦企业同时进行多项目拍摄，按月核算成本的优势就会凸显出来。

（5）项目结束后的成本结转问题。时画公司按照收入预计实现期限结转项目成本的做法，完全符合《企业会计准则》关于成本结转应该与相应的收入相配比的原则，结转期限符合《企业会计准则》的要求。然而，结转金额893.68万元是按照当年实际发行收入2 100万元占立项时预计总收入6 400万元的比例（即32.81％）结转的，可能存在一定的问题。因为该类项目收入具有高度不确定性，随着时间的推移，2014年底项目预计总收入可能已经发生调整，大于或者小于6 400万元。时画公司财务部应该根据实际发行收入占调整后的预计总收入的比例结转项目成本，以免以后年度出现由于核算不当带来的异常盈亏。

另外，企业财务会计的核算要求与企业管理会计的绩效考核要求并不一定要合二为一。如果从企业绩效考核的目标出发，为了考核项目管理层的管理绩效而确定项目成本分配的期限和分配比例，并不一定要拘泥于财务会计核算的做法。所以，时画公司可以根据企业内部绩效考核的目标，设计合理的项目成本分配期限，从管理会计角度形成一套项目绩效考核成本分配程序。

课堂计划建议

本案例可以用于专门的案例讨论课，下面是按照时间进度提供的课堂计划建议，仅供参考。整个案例课堂讨论控制在 80～90 分钟。

课前计划：教师提前 1～2 周发放案例正文，要求学生课前阅读，按照启发思考题对案例进行初步思考。

课堂讨论前言：教师简明扼要地介绍讨论主题。（2～5 分钟）

分组讨论：每组 4～5 人，通过讨论交流，深入理解影视投资项目财务控制的内容和案例企业面临的管理困境。（20～25 分钟）

引导讨论：教师可以按照教学规划设计问题，带领学生讨论影视文化行业的发展与影视投资的风险，项目财务控制过程中阴阳合同、私户公用、杀青核算等做法的风险，以及案例企业采取的应对措施的合理性。在课堂讨论的高潮提出案例企业遵循行规还是严格管理的决策难题，询问学生的解决方案及依据，促使学生真正掌握项目财务控制的目标。最后，引导学生讨论如何完善案例企业项目财务控制，使学生理解解决项目财务控制问题的关键。（控制在 55 分钟内）

讨论总结：教师对案例讨论进行归纳总结，进一步提出发散性问题，让学生课后思考。（5 分钟）

主要参考文献

[1] 安同宝. 关于项目工程的财务控制 [J]. 中国乡镇企业会计，2010 (12)：136-137.

[2] 蔡继静. 浅论影视投资风险管理 [J]. 视听, 2012 (7): 65-67.

[3] 程新生, 季迎欣, 王丽丽. 公司治理对财务控制的影响——来自我国制造业上市公司的证据 [J]. 会计研究, 2007 (3): 47-54.

[4] 高凤娟. 我国企业财务控制问题及对策 [J]. 经济师, 2011 (7): 149-150.

[5] 胡文发, 李修华. 工程项目全方位动态成本控制 [J]. 基建优化, 2006, 27 (5): 40-43.

[6] 梁非坤. 企业财务预算控制模式研究 [D]. 武汉理工大学硕士学位论文, 2006.

[7] 廖强, 陈希媛. 对加强施工企业工程项目财务控制的思考 [J]. 经济师, 2005 (1): 277-278.

[8] 刘溯. 中国影视产业投资问题及对策研究 [J]. 知识经济, 2016 (3): 71-71.

[9] 马晋桀. 浅谈影视 "投融资组合" [J]. 中国经贸, 2010 (2): 134-135.

[10] 汤谷良. 财务控制新论——兼论现代企业财务控制的再造 [J]. 会计研究, 2000 (3): 7-11.

[11] 吴晔. 财务控制在项目管理中的运用 [J]. 知识经济, 2015 (16): 113-113.

[12] 张伟成. 科技型中小企业在财政性资金项目申报中应注意的若干问题 [J]. 财务与会计, 2011 (10): 66-67.

[13] 赵艳. 项目管理中的财务控制 [J]. 当代经济, 2013 (7): 50-53.

[14] 赵永富. 对提升合同能源管理项目税收筹划工作水平的研究 [J]. 当代经济, 2015 (6): 32-33.

[15] 周丽江. 财务控制在项目管理中的运用研究 [D]. 西南财经大学硕士学位论文, 2007.

图书在版编目（CIP）数据

财务会计教学案例与分析/潘立新著. —北京：中国人民大学出版社，2017.6
（中国管理案例库）
ISBN 978-7-300-24531-7

Ⅰ. ①财… Ⅱ. ①潘… Ⅲ. ①财务会计-教案（教育）-中国 Ⅳ. ①F234.4

中国版本图书馆 CIP 数据核字（2017）第 123458 号

中国管理案例库

财务会计教学案例与分析

潘立新　著

Caiwu Kuaiji Jiaoxue Anli yu Fenxi

出版发行	中国人民大学出版社				
社　　址	北京中关村大街 31 号		**邮政编码**	100080	
电　　话	010 - 62511242（总编室）		010 - 62511770（质管部）		
	010 - 82501766（邮购部）		010 - 62514148（门市部）		
	010 - 62515195（发行公司）		010 - 62515275（盗版举报）		
网　　址	http://www.crup.com.cn				
经　　销	新华书店				
印　　刷	天津中印联印务有限公司				
规　　格	185 mm×260 mm　16 开本		**版　　次**	2017 年 6 月第 1 版	
印　　张	12 插页 1		**印　　次**	2024 年 5 月第 7 次印刷	
字　　数	208 000		**定　　价**	42.00 元	

教师教学服务说明

中国人民大学出版社财会出版分社以出版经典、高品质的会计、财务管理、审计等领域各层次教材为宗旨。

为了更好地为一线教师服务，近年来财会出版分社着力建设了一批数字化、立体化的网络教学资源。教师可以通过以下方式获得免费下载教学资源的权限：

在中国人民大学出版社网站 www.crup.com.cn 进行注册，注册后进入"会员中心"，在左侧点击"我的教师认证"，填写相关信息，提交后等待审核。我们将在一个工作日内为您开通相关资源的下载权限。

如您急需教学资源或需要其他帮助，请在工作时间与我们联络：

中国人民大学出版社　财会出版分社

联系电话：010-62515987，62511076

电子邮箱：ckcbfs@crup.com.cn

通讯地址：北京市海淀区中关村大街甲 59 号文化大厦 1501 室（100872）